자존감을 선물하고 싶은

_____ 에게

안녕하세요, 자존감

안녕하세요,
자존감

나를 찾는 서른일곱가지 관계 수업

내가 미워 보일 때,
우리는 스스로를 사랑하는 방법을 배워야 한다.

푸른영토

프
롤
로
그

.
.
.

　　결국 자존감이었다. '감정'을 주제로 첫 번째 책을 낸 후 많은 분들과 이야기를 나누었고, 감정코칭을 통해 함께 고민하고 같이 뛰었다. 그 과정에서 '저는 왜 그런 걸까요?', '코치님도 이런 적 있으셨나요?', '나만 이런 건 아니겠죠?'와 같은 질문을 받을 때면 나도 그랬고, 누구나 그럴 수 있다고 할 때마다 '자존감'을 이야기하는 나를 발견했다. 다양한 사례에서 문제의 원인이 결국 자존감이었다는 걸 알게 되었을 때 상대방의 반응도 흥미로웠다.

　　처음부터 자존감을 이야기하려던 건 아니었다. 예전의 나는 자존감을 논하는 자체가 자존감에 문제가 있다는 방증처럼 여겼다. 존재부터 인정하고 싶지 않았다는 편이 더 맞겠다. 의외로 많은 이들이 나와 같이 자존감의 존재 여부를 알지 못하거나 알려고 하지 않았다.

감정과 자존감을 따로 떼어 놓고 생각하는 경우도 많았다. 감정은 스스로 보기에도 하루에도 수차례 경험하고 있으니 친근하고 가까운 느낌이 들기도 한다. 반면 자존감은 단어 자체로 보면 새로울 것 없어 보이지만 막상 자신 안의 자존감의 본모습을 밝히지 못한다. '자존감'이라고 하면 뭔가 일상적이지 않은 거창한 게 있을 것 같고 어려운 용어와 많은 전문지식을 통해서만 설명할 수 있으리라 믿는다. 알 필요가 없거나 알기 힘들어 보인다.

감정코칭을 받는 분들 중에는 감정코칭을 받는 자신을 인정하는 게 가장 어려웠다는 이들도 있다. 자신이 감정코칭을 받아야 할 만큼 나약한 존재라는 것을 드러내는 것 같았기 때문이다. 평일 저녁 퇴근 후, 회사 근처 피트니스 센터에서 밤늦게까지 PT(퍼스널 트레이닝) 받는 이들을 떠올려 보자. 그들을 보면 무슨 생각이 들까. '얼마나 몸이 허약하면 퇴근 후 피트니스 센터에서 PT까지 받나'라고 안타까워지는가? 오히려 자기관리에 아낌없이 투자하고 성장하는 이들이라며 대단하다고 칭찬하고 부러워하지 않았던가.

감정코칭 역시 마찬가지다. 감정코칭은 겉으로 보이는 내 모습만이 아니라 내 안의 자아, 진짜 내 모습을 발견하고 날마다 꼼꼼하게 살피는 훈련이다. 스스로를 가꿔 건강하게 살고자 하는 목적은 운동과 같다. 몸을 가꾸려는 사람이면 누구나 학원에 등록하고 코칭을 받는다. 감정코칭도 마찬가지이다. 마음을 가꾸려면 내 마음이 어떤 모습인지 알아야 한다.

한편으로 최근 들어 급격히 자존감을 이야기하기 시작하면서 자존감 앞에 다양한 단어들이 붙기도 한다. 감정에 대해 이야기할 때도 다양한 세부 감정을 분류하는 것처럼, 자존감의 의미도 점점 세분화하고 있는 셈이다. 나는 무엇을 위한 자존감에 대해 이야기하기보다 자존감, 그 자체에 대해 이야기하려 한다

《안녕하세요, 자존감》은 직장, 학교, 가정에서 작고 낮은 자존감을 가진 사람과, 그 자신을 둘러싼 관계에 지친 이를 대상으로 한 자기계발서이다. 첫 번째 책을 통해 몸과 마음이 모두 무너진 내가 내 안에 숨어 있는 감정습관을 발견하고 진짜 나를 찾아가는 과정을 이야기했다면, 이번에는 자존감에 대해 이야기해보려 한다. 자존감과 관계에 대한 보다 깊이 있는 이야기를 하고자 나 자신과 나를 둘러싼 관계를 중심으로 한 이 책을 썼다.

돌고 돌아도 결국 자존감이다. 누구보다 내 이야기를 꺼내기 부끄러워하고 감추려던 내가 이제는 즐거운 마음으로 기꺼이 나와 모두의 자존감을 이야기한다. 상처라 믿었던 것들도 꺼내놓는 순간부터 더 이상 상처가 아니다. 누군가에게 이야기하고 고민을 나누는 것 자체로 도움이 될 수 있다.

나는 현재 '감정코칭연구소'의 대표코치로서 자존감에 상처를 입어 힘들어하는 이들에게 나의 경험을 나누며 기회와 방향을 찾고 함께 성장하는 삶을 살고 있다. 쉽고 재미있는 감정코칭 전문가이자, 코치를 키우는 코치로서 날마다 새로운 도전을 이어가고 있다. 세상이 어떻건, 남들이 뭐라건 나와 당신이 꿈꾸고 상상하는 모든 것은 현실이 될 것이다. 바로 지금, 여기서부터 시작이다.

첫 페이지를 넘기기 전, 스스로에게 다정한 인사를 건네보자.

"안녕하세요, 자존감."

2018년 5월

감정코칭연구소 대표코치 최헌

차
례

프롤로그   6

1장   사람을 만날 때마다 나는 상처 받는다

하나,   나는 왜 상처받을까?   16

둘,   나를 힘들게 하는 사람들   21

셋,   작은 일에도 모욕감을 느낀다면   27

넷,   진짜 하고 싶은 말은 따로 있는데   33

다섯,   사랑스럽던 나는 어디로 갔을까   39

여섯,   감정 습관이 상처를 반복한다   44

일곱,   상처받는 진짜 이유는 따로 있다   51

2장 지금 나에게 가장 필요한 것은 자존감이다

하나, 지금 자존감을 이야기하는 이유 60

둘, 자존감이 부족하면 모두가 불편하다 66

셋, 지금이 아니면 안 되는 말 한마디 71

넷, 누구도 나를 대신 지켜주지 못한다 77

다섯, 말투만 바꿔도 자존감은 자라난다 83

여섯, 상처를 극복하면 자존감이 된다 88

일곱, 과거의 나는 지금의 내가 만들었다 94

3장 자존감이 가르쳐 주는 사람들 사이에서 편안해지는 법

하나, 나를 존중하며 품위를 지키기 104

둘, 생각의 감옥을 벗어난다 110

셋, 상대방의 기분은 내 탓이 아니다 116

넷, 제대로 받을 줄도 알아야 한다 123

다섯, 불편함도 받아들이면 편해진다 129

여섯, 실수는 실패가 아니다 134

일곱, 관계에도 다이어트가 필요하다 140

여덟, 친근하되 적당한 거리 두기 146

4장   자유롭고 행복해지기 위한 8가지 자존감 훈련

하나,   나와 상대방의 부족함을 인정한다   156

둘,   스스로에게 친절을 베풀기   164

셋,   싫으면 싫다고 당당하게 말하기   170

넷,   모든 일에 일일이 마음 쓰지 않는다   176

다섯,   내가 선택하고 내가 책임지기   182

여섯,   약점을 강점으로 활용하기   188

일곱,   나에 대한 감사일기 쓰기   194

여덟,   나에게 가장 좋은 것을 선물하기   200

5장   진짜 내 것이 아닌 것과 결별하라

하나,   만들어진 자아에서 벗어나라   210

둘,   진짜 내 것에만 집중하라   216

셋,   아무 조건 없이 나를 사랑하라   221

넷,   더이상 휘둘리지 않고 나답게 산다   226

다섯,   달라서 더 특별하다   231

여섯,   진심이 가장 멀리 간다   236

일곱,   나는 지금 여기서 가장 행복하다   241

우리가 상처받는 진짜 이유는 상대방 때문만이 아니다.

상대방의 표현에 반응하는 나의 자존감 때문이다.

나는 왜 상처받을까?

나를 힘들게 하는 사람들

작은 일에도 모욕감을 느낀다면

진짜 하고 싶은 말은 따로 있는데

사랑스럽던 나는 어디로 갔을까

감정 습관이 상처를 반복한다

상처받는 진짜 이유는 따로 있다

1장

사람을 만날 때마다 나는 상처 받는다

나는 왜 상처받을까?

"너는 럭비공 같아. 도대체 어디로 튈지 종잡을 수가 없어."

예전의 나는 이런 말을 들을 때마다 혼자 으쓱해지곤 했다. 정확한 의미를 되물어보지는 않았지만 뭔가 남다른 매력이 있다는 의미로 혼자 해석해버리곤 나를 나타내는 대명사처럼 여겨왔다.

럭비공은 주변에서 흔히 볼 수 있는 공이 아니다. 생김새부터 다른 공과 다르게 길쭉할뿐더러, 양쪽 끝이 뾰족한 것이 왠지 함부로 손댈 수 없는 도도한 느낌이다. 굴러다니는 다른 공과 달리 '튄다'는 단어도 남다른 느낌을 준다. 게다가 '종잡을 수 없다'라니. 상대방이 나에 대해 궁금해하고 관심이 있다는 것처럼 보여 더할 나위 없이 마음에 들었다.

큰 맥락에서 봤을 때 아니라고 할 수는 없지만, 내가 생각한 것 같은 그런 의미만 갖지 않는다는 것은 한참 뒤에야 알게 되었다. 다시 말해, 그들이 나에게 이야기한 의도 중 하나는 내가 그들을 종종 당혹스럽게 만든다는 것이었다.

예를 들어, 그는 예전과 똑같은 의미로 나에게 이야기를 했는데, 나의 반응이 극과 극으로 달랐다고 했다. 어떤 때는 대수롭지 않게 넘어가더니 어느 날은 똑같은 이야기에 불같이 화를 내더란다. 그 둘 사이의 간극이 너무나 크고 중간이라는 것이 없어서 상대방을 조마조마하게 만들기 일쑤였다. 그들이 말하는 럭비공이라는 건 바로 이런 의미였다.

할리우드 영화의 여주인공 같은 느낌을 상상했던 나에게는 큰 충격이자 배신감마저 느껴졌다. '설마 내가 그 정도였을까?' 하는 생각에 이런 이야기를 하는 상대방의 의도를 의심했다. '내가 그랬을 리가 없어' 하며 애써 모른척하려 했다.

일례로 나는 상대방이 나에게 맞춰줘도 불만, 맞추지 않아도 불만이라고 했다. 나는 사람을 처음 만나면 생글생글 웃고 작은 것 하나를 도와줘도 '감사하다'고 바로바로 싹싹하게 표현한다. 심지어 처음 들어간 식당의 직원이나 우연히 마주친 사람들 모두에게 친절하고 예의 바르게 대하니 '사람 참 괜찮네' 하는 생각이 들었다고 한다. 그런데 불과 몇 분이 지나지 않아 서로 이야기하다가 의견 차이가 생기고 나의 표현에 대해 반대 의사를 표시하면 순식간에 싸늘하게 등을 돌린다거나 불같이 화를 냈다는 것이다.

기억력 좋은 상대방이 조목조목 당시 상황을 재연한다. '말도 안 된다'는 나와 '어떻게 기억을 못하냐'는 상대방이 부딪쳐서 내가 맞니 네가 틀리니 하는 싸움이 되어간다. 일단 들어나 보자며 억지로 입을 다물어 본다. 몇 분 안 되는 시간이었지만 부글부글 끓어오르는 속에 튀어나오는 말을 삼키느라 진땀이 날 지경이었다.

들을수록 얼굴이 화끈거려 상대방을 마주할 수가 없었다. 자칫 이번에도 똑같은 상황을 반복하게 될 것 같아, 남아있는 이성적인 판단 능력을 최대한 끌어모아 내 입을 틀어막았다. 도망치다시피 그 자리를 벗어났다. 걷잡을 수 없는 감정이 휘몰아쳐 올라오고 있었다.

부인할 수 없는 명확한 사실이었기 때문이다. 혼자가 되어 한동안 멍하니 앉아 있었다. '내가 그렇게 이상한가'와 '왜 나만 이렇게 이상할까'가 번갈아가면서 나를 괴롭혔다. 밤이 깊도록 반복해서 떠오르는 두 가지 생각이 밤하늘보다 더 캄캄하게 내 마음속을 채워가고 있었다.

이제 나도 나에게 솔직할 때가 되었다. 그래야 한다는 것은 알고 있다. 하지만 내가 나를 들여다보고 나의 민낯을 마주하는 것이 끔찍하게 싫었다. 그동안 몰랐던 이상한 모습들만 떠오를 텐데 가만히 참고 있을 자신이 없었다. 무엇보다 갈수록 나에게 분노하고 나를 더 미워하게 될 내가, 그 상황이 불 보듯 뻔히 떠올라 싫었다.

몇 번이나 주저하며 머뭇거렸다. 피하고 싶었다. 아니라고 문을 걸어 잠그고 숨고 싶었다. 누구에게 하는 말인지도 모르면서 '날 좀 그냥 내버려둬'라며 철 지난 유행가 가사 같은 말만 반복하고 있었다.

당시의 나는 어떤 때는 상대방이 나에게 무조건 맞춰주면 사전 준비를 안 해 와서 그런다며 나를 그만큼 생각하지 않는다고 단정 짓고 우울해 했다. 반대로 상대방이 나에게 맞춰주지 않으면 그건 그대로 나를 무시한다고 판단하며 상처받았다. 우울하거나 상처받기로 작정한 사람에게는 어떤 식으로 대해도 비슷한 결과만 반복할 뿐이다.

계획에 차질이 생기거나 원하는 것이 있어도 막상 내 의견은 이야기하지 못한다. 역시 내가 원하는 대로 되지 않는다면서 혼자 의기소침해지고 그날을 완전히 망쳤다고 여긴다. 집에 돌아와서는 만남의 순간들을 하나하나 곱씹어 본다. 내가 조금이라도 실수한 게 있거나 말이 꼬였다거나 하는 것들이 떠오르면 제대로 하지 못했다는 생각에 괜히 얼굴이 붉어지고 상대방이 지금쯤 나를 우습게 여기고 있을 거라는 망상에 시달렸다.

내가 상처받는 이유는 내가 상처받기로 작정했기 때문이다. '그런 사람도 있나?' 싶지만 결국 그런 사람이 나였다. 작은 것 하나라도 나의 취향과 다르거나 하면 기분을 거스른다. 내가 기대한 반응이 아니면 무조건 나에 대한 공격으로 받아들였다. 그 공격을 내 존재에 대한 거절, 혐오 등으로 과장되게 해석했다. 영화 속 여배우의 과장된 연기처럼 아무렇지 않게 넘어갈 수 있다는 일도 무언가 상대방에게도 영향이 있기를 비라는 마음에서 크게 보이려 애썼다. 무엇이든 일부러 부여잡고 '내가 이렇게 상처받았다'는 것을 보이고 싶어서 더 크게 소리 지르고, 울고, 폭력적인 말을 내뱉었다. '당신이 나에게 한 것을 이 자

리에서 어떻게든 조금이라도 더 돌려주고 말겠다'는 순간적인 복수심에 차 있었다.

그럴수록 자신이 더 지긋지긋하게 느껴졌다. 약간의 시간만 지나도 도대체 이렇게 악다구니를 써서 뭘 하자는 건지, 나도 모르는 나 자신을 혐오하고 있었다. 동시에 한구석에서는 '내가 아니면 아무도 나를 위해줄 사람은 없다. 나에겐 나밖에 없어. 이 세상 모두가 나를 미워하니까. 그 누구도 믿을 수 없어'라는 자기연민에 휩싸였다. 그렇게 자기방어의 감옥에 스스로를 가두고 혐오와 자기연민 속에 서서히 지쳐가고 있었다.

나는 왜 늘 상처받을까? 세상엔 나를 미워하는 사람들뿐이고, 나는 어떻게 해도 사랑받을 수 없으며, 나에게 좋은 일이란 잠시 나타났다 사라져 버리는 신기루 같은 걸까? 만약 예전의 나처럼 이러한 생각들이 온종일 자신을 괴롭히고 있다면, 낡고 어설픈 자기연민의 커튼을 떼어버려라. 잠시라도 눈부시게 빛나는 태양 아래 서서 그 커튼이 얼마나 지저분하고 냄새나는 것인지 똑똑히 볼 필요가 있다. 어둠 속에 알지 못했던 오래되고 썩은 곰팡이가 가득하지는 않은가. 그 커튼을 드레스인 양 온몸에 감고서 비련의 주인공 행세를 했던 것은 아닌가 말이다. 썩고 냄새나는 커튼은 나를 보호해 주지 못한다. 그 자체가 나를 감염시키는 원인이다. 가짜 옷을 벗어 던져야 새 옷을 입을 수 있다. 상처로 얼룩진 지저분한 가짜 옷부터 벗어버릴 시간이다.

둘,

나를 힘들게 하는 사람들

이십 대 초반, 내 글을 싣던 웹사이트의 대표님과 면담을 하던 중이었다.

"너는 남자 어른에 대한 콤플렉스 같은 게 있는 것 같다."

뜬금없는 대표님 말씀에 순간 당혹스러웠다. 당시 나는 정확한 의미는 모르겠지만 뭔가 약점을 지적하는 느낌이 들어 의기소침해졌던 기억이 난다. 그러고 보니 정말 그랬다. 그분의 말에 기가 죽는 내 모습에서도 한 번 더 증명이 된 셈이다.

엄밀히 말하자면 남자 어른에 대한 콤플렉스라기보다 내 기준으로 권위가 있고 나보다 여러모로 높은 사람이라고 여기는 사람과 마주했을 때 나타나는 모습이었다. 내가 특별히 어떤 행동이나 말을 했는지는 기억나지 않는다. 다만 나도 몰랐던 내 모습을 알아본 그분이 지금 와서 새삼 신기할 뿐이다. 어쩌면 나만 몰랐던 사실일 지도 모르겠지만.

미루어 짐작해 보자면 아마도 이런 식이었을 것이다. 시작은 일단 상대방이 나이도 더 많고 직업이나 직책에 따라 나보다 월등히 앞선 이라는 것을 인지하게 된다. '월등히'의 기준도 모호하긴 하다. 오히려 상대가 그렇다는 식의 '자신감' 있는 태도를 보이는 것에 더 영향을 받는 부분도 있다.

그런 이들을 마주하고 있으면 유독 내가 작게 느껴진다. 혼자서는 나도 내 삶에 자신 있다고 생각하다가도 그들을 만나면 '이 사람은 나보다 잘났다'는 전제를 깔고 상대적으로 내가 더 작고 부족하다는 것에만 집중하게 된다. 내 의견을 제대로 말하지도 못하고 '예, 예' 하다가 돌아서면 이전보다 더 작아진 느낌에 풀이 죽고 움츠러든다.

나는 왜 그랬을까?

첫째, 서로를 비교하여 위치를 설정했기 때문이다.

상대가 어떤 사람인지 사전에 정보를 갖는 것 자체는 문제가 없다. 오히려 상대에게 관심을 가지고 이해하며 관계를 형성해 나가는 데 도움이 된다. 문제는 이러한 정보의 잘못된 활용에 있다. 앞서 나를 일깨워준 대표님은 당시 잘 나가는 벤처기업의 대표이자 유명 작사가,

소설가였다. 이런 정보를 당시 대학생인 나와 비교하여 그를 우위에 두는 데 활용했기 때문이다. 누가 저울에 달아 놓은 것도 아닌데, 어디까지나 나의 주관적인 판단으로 '나는 그 사람보다 보잘것없는 존재'라는 식의 우열을 결정했다는 뜻이다. 누군가와 제대로 관계가 형성되기도 전에 존재의 높고 낮음을 설정해 버리는 것은 이미 콤플렉스를 안고 시작하는 것이다.

둘째, 어떤 경우에도 반박할 수 없다는 한계를 두었기 때문이다.

상대방이 특정 분야에 대해 권위가 있는 것은 당연히 존중하고 인정할 부분이다. 하지만 한 분야의 권위가 존재 자체의 권력을 의미하지는 않는다. 한 회사의 대표라도 그 사실을 모르는 동네 이웃들에게는 집 앞 슈퍼마켓에서 마주치는 이웃 아저씨다.

나는 그가 이웃 아저씨가 될 수 있다는 사실은 잊은 채, 대표라는 직함만으로 그에게 신적인 권위를 부여하고 어떤 경우에도 반박할 수 없다고 스스로를 묶어둔 셈이다. 한쪽이 묶여 있으면 인간관계의 균형이 깨진다. 상대방을 제멋대로 판단하여 어떤 형태로든 오해를 불러오기 때문이다. 나 또한 그를 나와는 공통점이 없는 완전히 다른 사람이라고만 여기고 소통할 기회를 스스로 차단해 버린 것이다. 소위말해 완전히 쫄아 있었다.

셋째, 상대방에 대해 진정한 관심을 두지 않았기 때문이다.

표면적인 사실에만 초점을 맞추고 상대방을 판단하려고 했다. 그가 인간적으로 어떤 특성이 있는지, 무엇을 생각하고 느끼는지 상대방의 입장에서 공감하려고 한 적은 없었다. 누군가의 사회적인 지위나 권위를 파악하기에 앞서 현재의 관심사나 감정, 표현 등에 좀 더 관심을 두고 보았다면 상대를 보다 다양한 시각에서 바라볼 수 있었을 것이다. 그들과 사교하고 소통하며, 보다 긍정적인 관계를 형성해 갈 수도 있었을 것이다.

당시에는 이런 것들을 제대로 파악하지 못한 채, 갈수록 불편하고 어려운 관계가 이어졌다. 안 그래도 시작부터 편하지 않았는데 나에게 콤플렉스가 있다는 지적까지 받은 상태에서 더더욱 편해질 리가 없다. 당시의 나는 나에 대한 대부분의 피드백을 '평가'로 받아들이고 있었다. 칭찬마저도 점수였다. '이 정도 칭찬이면 한 90점은 된다는 건가?', '간신히 80점 넘겼다는 뜻이잖아. 말만 칭찬이지 칭찬도 아니네' 하는 식으로 내 안에서 빠르게 점수를 매기고 합산하여 평균치를 내고 있었다. 칭찬이 아니라고 판단되면 여지없이 마이너스로 계산하여 기존의 점수까지 모두 깎아내리고 만다. '역시 그럴 줄 알았어. 열 번 잘하면 뭐하나. 한 번 실수하면 빵점이나 마찬가진 걸'이라며 모든 것을 다시 바닥으로 떨어뜨렸다. 칭찬을 받아도 항상 부족하고 '더, 더, 더'하는 목마름만 남는 것이다.

얼마 전 힘들게 입사한 직장을 퇴사했다며 감정코칭을 받기로 한 A가 바로 예전의 나와 같았다. 신입사원인 A는 회사의 상사나 자신보다 먼저 입사한 누군가가 자신의 의견을 묻는 것이 두려웠다. 항상 제대로 생각을 정리하지도 못한 채 대답을 강요받는다고 느꼈다. 회사라는 조직이 주는 위압감에 눌려있었고, 모두가 자신을 평가하고 있으리라는 압박, 자신만 아무것도 모르는 신입이라 비웃음당하고 있다는 불안과 두려움에 휩싸여 있었다. 다른 사람들이 이야기 하는 것만 보아도 자기들끼리만 비밀을 공유하고 있는 것처럼 보였다. 그럴수록 자신의 의견을 이야기하거나 새로운 아이디어를 내는 것은 더 힘들었다.

A는 회사의 다른 이들이 듣지도 않을 자신의 의견을 묻고는 어설프게 버벅거리는 모습을 즐긴다고 여기기에 이르렀다. 매일 밤 쉽게 잠들지 못하고 낮 동안의 상황을 반복해서 떠올리며 자책했다. 회사의 상사와 동료를 증오하면서도 두려워하게 되었다. 그렇게 더는 버틸 힘이 없다고 느끼자 퇴사를 결심한 것이다.

나는 당시 A의 감정에 충분히 공감한다. 나 또한 그러한 감정을 빠져나오는 일이 정말 힘들고 오래 걸렸기 때문이다. 괜찮은 줄 알았다가도 불쑥불쑥 비슷한 상황을 반복해서 겪으면서 영원히 벗어날 수 없다는 공포에 시달리기도 했다. 하지만 두 눈을 뜨고 당시의 상황을 하나씩 되짚어 보면서 깨달았다. 그 안에 내가 두려워할 어떤 것도 없다는 것을. 실체 없는 두려움과 공포였다.

A의 경우도 그랬다. A는 '자신의 느낌이 틀림없다'라고 여겼지만 나와 함께 당시의 상황을 하나씩 들여다보기 시작하자 막상 실체가 없다는 사실에 놀라 되물었다. "분명 그땐 정말 죽고 싶을 정도였는데, 어떻게 이렇게 달라 보일 수가 있죠?"

실체가 없기에 상상하기에 따라 몇 배로 부풀릴 수도 아무것도 아닐 수도 있다. 내 머릿속 공간은 나의 상상으로 무한대로 확장하니 말이다. 이를 뿌옇고 막연한 망상으로 채울지 또렷한 확신과 희망으로 채울지는 오로지 나에게 달렸다.

나를 힘들게 하는 사람들이 있다. 좋지 않은 의도로 다가오는 경우라면 상대하지 않으면 그만이다. 문제는 잘 지내고 싶은데 자꾸만 힘들어지는 관계의 사람들이다. 이 경우 잘 들여다보면 많은 경우 나와 상대방을 오해했기 때문이다. 겉으로 보이는 모습이나 그의 지위만으로 지레짐작하는 경우가 얼마나 많은지 자신은 모른다. 내가 판단하고 만들어낸 모습에 압도당해 상대방은 물론 나 자신의 실체마저 혼동하고 만다.

막상 그 사람의 마음에 무엇이 있는지는 모른다. 알려고 한 적도 없다. 그러면서 내 식대로 사전에 재단해 버린다. 이러한 방어적인 태도로는 당연히 내가 두려워한 반응이 따라올 수밖에 없다. '역시 그럴 줄 알았다'며 자신의 오해를 고정관념으로 강화하는 데만 사용한다면 영영 헤어날 길은 없다. 그래서 어떤 식으로든 그러한 어려움의 실체를 들여다보면 실체가 없다는 데 당혹감을 느끼는 것이다.

지금 나를 힘들게 하는 사람이 있다면 혹시 내 안에 무심코 만들어 놓은 오류 가득한 인간관계 방정식은 없는지 점검해 볼 때이다. 실체 없는 불안감으로 내가 만든 오해의 틀에 상대를 가두고 애초부터 멀어질 것을 두려워한 것은 아닌지 들여다볼 기회다.

셋,

작
은
일
에
도
모
욕
감
을
느
낀
다
면

중학교 1학년 체육 시간의 일이다. 배구를 배울 때였다. 수업이 시작되자마자 선생님을 중심으로 대충 원을 그리고 선 우리에게 둘씩 짝을 지으라고 하신다. 아마도 서로 공을 주고받기 위해서였던 것 같다. 아직도 기억나는 그 찰나의 아찔함이란! 아무라도 좋으니 빨리 짝이 되어야 한다는 조바심과 누군가 내 손을 잡아줬으면 하는 간절함이 순식간에 차오른다. 평소의 단짝이 있는 친구들은 서로에게 달려가고 그렇지 않으면 당장 옆에 있는 친구에게 나와 짝을 하자고 해야 한다.

문제는 우리 반이 총 45명 홀수라는 것이다. 누군가 1명은 짝이 없다. 그게 내가 돼서는 안 된다. 한 시간 같은 몇 초가 흐르고 나름 용기를 내어 옆 친구에게 '나랑 짝할래?'라고 이야기했는데, 그 친구가 내

27

말이 채 말도 끝나기 전에 '난 L이랑 짝해야 하는데……' 이러면서 다른 방향으로 뛰어간다. 잘못 짚었다!

　체육 시간이 끝나고 교실로 들어가는 발걸음에 조금씩 원망이 차오른다. '나는 44명 중에 하필 짝이 있는 애를 골라서 혼자 남았나', '나는 왜 이렇게 운이 없을까', '난 같이 짝해줄 친구도 없어.'

　나에게 무슨 일이 일어난 건가? 왜 이렇게 자신을 괴롭히고 있는 건가? 잠시 후면 그 누구도 기억하지 못하는 시간을 혼자 날카로운 말들로 마음에 새기며 상처를 만들고 있다. 혼자 얼굴이 붉어지고 혼자 부끄럽고 혼자서만 울분을 삼킨다. 그게 뭐라고 말이다. 정말로 그게 뭐라고 이런 모욕감을 느끼는 것인가.

　이후로도 비슷한 상황이 생기면 자꾸만 혼자 남는 것부터 상상하게 된다. 어른이 되어서도 마찬가지이다. 하다못해 회사 점심시간에 젓가락을 나누어 주어도 내 것만 짝이 안 맞고, 잘 따르던 물이 내 차례가 되면 뚝 끊어진다. 가위바위보를 해도 나만 단판에 진다. 심지어 다른 사람이 지면 재미난 일이 되지만 내가 지면 재미없게 끝나는 느낌이 든달까. 세상 모든 일이 다 나만 초라하게 만드는 것 같다.

　밖에서 일어난 일에는 아무런 잘못이 없다. 무엇이건 간에 내 안에 있던 자격지심이 그것을 미끼로 덥석 물어서 일을 만들어낸다. 자격지심이란 '스스로 부딪치는 마음, 자기 스스로를 부족하다고 여기는 마음'이다. 내 마음이 부족하다고 이리저리 내밀치고 있으니 어떤 것을 가져다주어도 제대로 받아들이지 못한다.

회사 초년생 시절, 같은 팀의 남자 선배가 자꾸만 나에게 말을 건다. 내가 대학교 때 친한 여자 후배랑 진짜 많이 닮았는데, 그 후배는 성격도 털털하고 하는 행동이 남자 같아서 여자 후배인데도 엄청 친하게 지냈다고 했다. 나는 '그런 이야기를 왜 나한테 하지? 내가 남자 같이 생겼다는 건가? 커트 머리라서 그런가? 아니면 키가 커서?' 등등 수많은 이야기를 혼자 만들어내고 있었다.

그날도 어김없이 나보고 그 친한 후배를 닮았다고 말하는 남자 선배. 그러면서 '그 친구는 나랑 같이 농담도 잘하고 술도 같이 마시고 친하게 지냈는데 최헌 씨는 조용하네. 재미가 없네'라고 하는 것이었다. '뭐? 조용하고 재미가 없다고? 못생기고 남자 같고 술도 못 마시고 이야기도 못 하고 재미도 없다, 이 말이지?' 결국, 폭발한 나는 팀의 가장 후배 사원임에도 불구하고 다들 있는 사무실 내 자리에서 벌떡 일어나 소리치고 말았다.

"선배는 제가 만만해 보여요?"

지금 보면 그는 나와 정말 친해지고 싶었던 것뿐이다. 내가 업무상 도움이 필요할 때 아무 잔소리 없이 알아서 도와주었고, 대화를 시작하는 센스는 부족할지언정 분명 나와 좀 더 이야기를 나누고 싶었던 것은 분명하다. 모처럼 들어온 후배 직원에게 맛있는 것도 사주고 선배 대접도 받으면서 즐거운 회사 생활을 기대했던 것도 같다. 당시에는 그도 나도 20대 중반의 어설픈 신출내기가 아니었던가.

거기다가 내가 만만하냐며 소리를 바락 질러버렸으니 나도 참 나다. 안 그래도 사회생활을 처음 시작하면서 어색한 정장도 입어보고 커리어우먼처럼 보이겠다며 짧게 자른 머리는 어색함을 더하고 있었기 때문이다. 게다가 그때까지도 큰 키는 여전히 풀지 못한 콤플렉스였으니 나의 어색하고 쑥스러운 부분을 건드린 그가 덤터기를 쓴 셈이다.

　회사 업무상 서로 부탁하고 거절하는 상황은 흔히 나타난다. 하지만 작고 약한 자아에게 부탁은 부끄럽고, 거절은 더욱 얼굴이 화끈거린다. 내가 무언가를 이야기했을 때 거절당할 것이 걱정되어 업무상 당연한 것을 이야기하기도 힘들다. 문제는 힘겹게 이야기해서 상대방으로부터 결과물을 받았는데 잘못된 부분이 있을 때이다. 상대방에게 다시 요구해야 함에도 불구하고 그 말을 하기 어려워 혼자 끙끙대며 해결해보려는 것이다.

　다른 이의 부탁에 대해서도 마찬가지다. 상대방이 나에게 부탁하면 처음엔 기분이 좋다. 내가 해주겠다고 하면서 상대가 고마워하는 것을 보는 게 좋기 때문이다. 이것으로 내가 더 호감을 줄 수 있다는 생각에 최선을 다한다. 결과물을 전해주며 칭찬 들을 생각에 부풀어 있는데 상대방이 난감한 표정을 짓는다. 그가 원한 것이 이것이 아니라는 것이다.

　얼굴은 달아올라 터질 것만 같고, 잘못된 부분을 지적받으니 심장을 베이는 기분이다. '제발 그런 이야기는 하지 말라'고 애원이라도 하고 싶다. 그런 것도 제대로 알아차리지 못한 자신이 부끄럽고 싫다. 다시 수정해서 줄 때는 처절한 심정이다. 또다시 잘하지 못했다고 하면 어쩌나 하는 생각에 온몸이 떨리고 위축된다. 부탁을 들어주는 입장이 애원을 하는 입장으로 돌아서 버린 것이다.

더 큰 문제는 도저히 할 수 없어 거절해야 할 때이다. 거절하면 나를 싫어할 것이 뻔하다는 생각에 벌써부터 마음이 무겁다. 어쩔 수 없이 이야기하려니 입이 안 떨어진다. 어렵게 이야기하고 나니 돌아서는 상대방의 뒷모습에서 냉기가 느껴진다. 다시는 나를 보지 않을 것 같다.

거절하고도 후회한다. 이유는 두 가지다. 첫째는 더 친절하고 상냥하게 거절했어야 하는데 상대방이 기분 나빠 보이는 게 마음에 걸린다. 둘째는 다는 못해도 일부라도 해주겠다고 할 것을 후회한다. 그러면 상대방이 '내가 이렇게 바쁘고 힘든 와중에도 도와준 것을 기뻐해 주지 않았을까?' 하며 당시 상황을 혼자 반복해서 재연해 보는 것이다. 알고 보면 의미 없는 후회고 재연이다.

나에게 부탁을 거절당하고도 더 일찍 퇴근하는 상대방에 비해 지지부진한 야근을 반복하면서도 상황을 깨닫지 못하고 있다. 지금도 내가 제일 첫 번째로 퇴근하는 것이 눈에 띌까 봐 순서를 세고 있는 것 아니던가.

작은 일에도 모욕감을 느낀다면 불필요한 일들까지 하나하나 영향을 받고 있다는 뜻이다. 넘치도록 반응하게 하는 내 안의 '무엇'부터 찾아보아야 한다. 모두가 그런 식의 감정을 느끼며 살지는 않는다. 작은 일은 작은 일로 흘려보내고 나에게 아무런 영향을 끼치지 않는 경우가 대부분이다.

똑같은 일이 일어나도 반응은 제각각이다. 만약 부정적인 방향의 반응이 반복되고 있다면 그 반응의 방향부터 바로 잡아야 한다. 자신도 모르는 사이에 바라보고 있는 부정적인 방향이 불필요한 영향을 받도록 만들고 있기 때문이다. 갑작스러운 비에 모두가 처마 밑으로 피하는데 홀로 횡단보도 한복판에 서 있는 격이다. 작은 일에도 모욕감을 느낀다면, 방향 없이 자꾸만 부딪치는 내 마음부터 잡아서 일으켜 세워보는 것이 어떨까.

넷.

진짜 하고 싶은 말은 따로 있는데

"연락할 수도 있었네. 하려는 마음이 없었던 거 아니야? 나는 그렇게 안 해. 나는 어디 가도 분명히 먼저 이야기하고 가고, 중간에 한 번씩 꼭 문자해. 내가 너 보라고 일부러 그렇게 했던 거야. 너도 내가 한 걸 제대로 봤다면 그렇게 했겠지. 믿었어. 그런데 너 어떻게 했어?"

"……"

"너 나한테 분명히 집에 들어간다고 했지? 근데 들어갔어 안 갔어? 들어갔느냐고?"

"……"

조용하고 평화로운, 나에게는 신성하기까지 한 토요일 아침 카페에서 이게 웬 소란이란 말인가. 저 커플은 벌써 20분째 대치상태다. 글을 쓰고 싶은데 자꾸만 신경이 쓰여 한 줄도 나아가지 못하는 나는 이참에 쉬어가기로 마음먹었다.

그녀는 한눈에 봐도 잘 정돈된 외모의 20대 후반 여성이다. 이른 아침에 가지런히 드라이한 헤어스타일이며 하늘하늘한 블라우스에 스커트까지 미리 잘 준비해 두었다가 챙겨 입은 차림새다. 구두도 새것처럼 반짝거리고 흠집 하나 나지 않았다. 피부도 매끈한 것을 보니 평소에 외모를 위한 노력을 게을리하지 않는 것 같았다. 겉으로 보면 말 그대로 흠 잡을 데가 없었다. 이른 아침이지만 목소리는 또 얼마나 카랑카랑한지. 말투도 또박또박 똑 떨어지고 유치원생도 이해할 만큼 명확한 발음이다. 카페에 고루 울려 퍼지는 맑은 음색이 일품이다.

"너 집에 간다고 해놓고 안 들어간 거 내가 모를 줄 알았어? 그럴 거면 페북도 하지 말았어야지. 거기에는 너 술 마시고 노는 사진 다 올라오는데. 전화는 안 돼, 들어간다고 하고 가지도 않았어, 중간에 다른 데로 가게 된 거면 왜 그랬는지 문자도 없어. 너 같으면 어떨 것 같니?"

"……"

"나는 너 이해도 안 되고 이해하고 싶지도 않아."

갑자기 여자가 자리를 떴다. 나는 주문한 음료라도 가져오나 싶었는데 아니었다. 그 길로 카페를 나가버린 거였다. 나는 순간 당황했다. 재밌는 건 남자의 태도였다. 남자는 너무나 자연스럽게 앉아서 휴대폰을 뒤적이고 있었다. 언뜻 보아도 연예 뉴스다. 걸그룹의 화려한 사진을 둘러보며 세상 편안한 모습이다. 누가 보면 마치 이제 막 들어와서 친구라도 기다리는 모양새다.

나는 그의 등을 보며 앉아 있었기에 얼굴은 기억나질 않는다. 야구 모자를 눌러쓰고 있어서 잘 보이지도 않는다. 다만 또렷하게 기억하는 것은 구깃구깃한 티셔츠 등 한가운데 작은 구멍이다. 저런 구멍은 보통 보관할 때 좀이 슬어서 생긴다. 면 반바지도 주름이 가득한 걸 보니 며칠째 입은 옷 같고, 다리는 거칠거칠한 각질이 잔뜩 솟아나 있다.

나도 모르게 여자의 모습이 비교되어 '여자 친구가 훨씬 낫네'라고 중얼거리다가 순간 몸이 굳어버리고 말았다. 이제까지 남자의 목소리를 전혀 듣지 못했던 것이다! 남자는 단 한마디도 하지 않았다. 30분 동안 처음부터 끝까지 여자의 독백이었다. 남자는 묻는 말에도 대답하지 않았고, 추임새도 없었고, 중간에 반박이나 흔한 변명, 화도 내지 않았다. 여자가 떠나고도 아무렇지 않게 시간을 보내고 있는 남자의 뒷모습만 있었다.

인정하고 싶지 않지만 승자는 그 남자였다. 손가락 하나 까딱하지 않고 앉아만 있다가 이겨버렸다. 여자가 나갈 때도 내가 눈치채지 못한 이유는 남자가 전혀 행동하지 않기 때문이기도 했다. 여자를 붙잡으러 나간다거나 여자가 나간 것에 대해 조금이라도 달라진 태도를 보였다면 지켜보는 나도 쉽게 짐작했을 것이다. 바로 옆에서 보아도 모를 정도로 태연한 남자 덕분에 카페는 고요한 평화를 되찾았고, 여자는 홀로 떠들다 제풀에 혼자 사라진 사람이 되어버리고 말았다.

남자는 일부러 시간을 때우기 위해 기다렸다는 듯이 유유히 카페를 빠져나갔다. 좀이 슬어 있는 티셔츠에 구겨진 반바지를 입고 각질이 가득한 다리로 남자가 이겼다. 나는 어느새 여자 편이 되어 있었는지 그 뒷모습이 야속하고 얄밉기까지 했다.

카페에서 30분 동안 혼자 떠들고 나간 여자는 하고 싶은 말을 모두 했을까? 나는 아니라고 확신한다. 그녀가 진짜 하고 싶은 말은 결국 '네가 나를 신경 쓰지 않을까 봐 두려워. 나를 누구보다 우선순위로 여겨줘'다. 그 한마디를 하지 못하고 이리저리 다양한 사례와 비유를 들어가며 이야기했지만 남자는 단어들에 깔려 숨이 막힐 뿐이다.

여자는 그 한마디를 하지 못했다. 왜일까?

이 관계에 의존하고 있지만, 의존하는 자신의 모습을 보이고 싶지 않기 때문이다. 이것이 소위 말하는 자존심이다. '사랑에는 자존심 같은 건 버려야 하는 게 아닌가?' 라고 되물을 수도 있다. 물론 자존심을 버리는 것은 맞다. 자존심은 외부의 기준에 맞춰 생각하고 행동한다는 조건부 자기 사랑과도 같기 때문이다. 하지만 자존심을 버리는 것만이 전부가 되어서는 안 된다. 그 바탕에 '자존감'이 자리 잡고 있지 못하면 자존심을 버리는 것만으로는 아무런 해결이 되지 않기 때문이다. 여자가 하지 못한 한마디는 '낮은 자존감' 때문이다. 겉으로는 자존심 운운하며 덮어둘 수 있지만 결국 낮은 자존감이 만들어낸 문장은 내뱉어도 문제가 되고 삼켜도 독이 된다.

내가 쉽게 여자의 편이 된 것은 나도 똑같은 경험이 있기 때문이다. '네가 대접받고 싶은 대로 상대를 대접하라'는 말에 따라 '내가 이렇게 노력하면 상대방도 알아주겠지' 하며 했던 일들이 얼마나 많던가. 내가 상대방의 취향을 기억했다가 선물을 하면 상대방도 내 취향을 기억해줄 줄 알았다. 내가 상대방의 다음 주 스케줄을 모두 기억하고 그에 맞춰 나의 일정을 바꾸면 상대방도 그렇게 해줄 줄 알았다.

　나의 착각일 뿐이었다. 상대방에게는 선물을 받은 기억, 그냥 서로의 시간을 맞추어 만난 기억밖에는 없다. 선물은 특별한 날이거나 꼭 갖고 싶다고 사 달라고 한 것도 아니니 고맙다는 말뿐이다. 상대방은 내가 얼마나 힘들게 다른 중요한 일정을 바꿨는지 알지 못한다. 그저 서로 시간을 맞춘 것 아니냐는 정도에서 그치고 만다.

　내가 눈으로 얼마나 이야기했는데, 아직도 모른단 말인가. 직접 말하면 뭔가 격이 떨어지는 것 같고 우아하지 못한 것 같았다. 내가 말하지 않아도 그냥 내 눈빛을 읽어줬으면 좋겠다. 하지만 상대는 말하지 않으면 모른다. 눈빛으로 의사는 전달할 수 있지만, 구체적인 내용은 한마디도 옮길 수가 없다. 정작하고 싶은 말은 따로 두고 변죽을 울리며 나와 상대를 괴롭힌다.

　하고 싶은 말은 따로 있는데 그 한마디를 꺼내기가 힘들다면 그것은 낮은 자존감이 만들어낸 말이기 때문이다. 자존감이 뒷받침되지 못한 말은 아무런 힘을 갖지 못한다. 내가 스스로에게 만족하지 못하고 만들어낸 말은 밖으로 꺼내기에는 부끄럽고, 안으로 삼키기는 힘겹다.

온전한 자존감은 어조와 말투에 차이는 있을지라도 뜻한 대로 전달하는 것에 부담이나 불편을 느끼지 않는다. 문제는 이 둘 간의 거리가 점점 멀어질 때이다. 하고 싶은 말과 정반대되는 말을 해야 하는 상황이 가장 위험하다. 자꾸만 하고 싶은 말이 따로 생기고 쌓여간다면 무너진 자존감부터 다시 쌓을 때이다.

사
랑
스
럽
던
나
는
어
디
로
갔
을
까

　드라마 속 악녀는 처음부터 등장하지 않는다. 처음엔 주인공보다 빼어난 외모, 좋은 환경 속에서 잘 자란 데다 능력도 뛰어난 인물이다. 평소 행실도 거침이 없다. 단 한 가지, 남녀 주인공과 삼각관계라는 점만 제외하면 말이다. 다른 데서는 자신의 목소리를 당당하게 내는 그녀가 유독 남자 주인공 앞에만 가면 아무 소리 못 하고 쩔쩔매기 시작한다. 꼬리를 흔들며 주인 곁을 맴도는 강아지처럼 때와 장소를 가리지 않고 자신을 봐 달라고 애걸복걸한다.

　처음엔 남자 주인공도 쿨하고 화려한 그녀와 좋은 관계를 유지한다. 비록 연인은 아니더라도 충분히 호감을 느끼는 관계다. 하지만 이성으로 더 큰 호감을 가진 쪽인 그녀는 더욱 적극적으로 다가간다. 거기에 마침 남자는 여자 주인공과의 에피소드로 서로 가까워지는 우연

아닌 우연이 반복된다.

드디어 악녀 등장이다. 남자는 갈수록 부담을 느끼며 조금씩 그녀와 거리를 두려 한다. 그녀는 여자 주인공 때문에 이런 일이 일어난 것이라며 주인공과 대치하는 악녀로 변신한다. 여자 주인공을 괴롭히며 남자 주인공과 멀어지게 할 여러 가지 계략을 꾸미지만 노력할수록 두 남녀를 가까워지게 할 뿐이다. 남자의 연인은 아니더라도 충분히 사랑스러웠던 그녀는 더는 누구에게도 사랑받지 못하는 존재로 변해간다.

나는 항상 궁금했다. 애초에 저렇게 모든 것을 갖춘 듯한 여자를 좋아하는 남자는 많을 텐데 왜 유독 남자 주인공에게만 집착하는 것인가? 들여다보니 그녀의 대사와 행동을 통해 알 수 있는 몇 가지가 있었다.

그녀는 원하는 것은 무엇이든 손가락 하나만 까딱하면 얻을 수 있다. 혹은 떼를 쓰거나 눈물을 보이는 등 이른 시일 안에 원하는 것을 얻는 데만 집중했다. 이미 풍족하게 주어진 것들을 즐기기만 했을 뿐 정작 자신의 존재를 제대로 알고 사랑할 기회는 없었다. 집안에서도 장식품과 같은 존재로 예쁨은 받았지만, 일상의 작은 성취 따위는 안중에도 없었다. 가족과의 복닥거리는 소소한 사랑도 누려본 적이 없는 것이다.

그에 비해 여자 주인공의 집은 어떠한가. 어려운 환경 속에서도 가족이 하나가 되어 서로를 아낀다. 작은 것이라도 노력을 칭찬해 주고, 실의에 빠져 있을 때 제일 먼저 의지할 수 있는 존재가 된다. 실패해도 돌아갈 곳이 되어 언제든지 따뜻하게 맞아주는 것이다. 가난한 환경 속에서도 자신을 아끼고 사랑하는 것이 자연스럽다. 상대가 아무리 대단한 위치라도 기죽지 않고, 겉모습에 현혹되지도 않는다. 때로는 신분을 속인 허름한 겉모습의 남자 주인공과도 평등한 관계를 맺고, 나중에 재벌의 손자라 해도 순간 놀랄지언정 주눅이 들지 않는다. 돈 봉투를 내미는 사모님과 이를 뿌리치는 당찬 여주인공의 모습이 여기서 나오는 것 아니겠는가.

내가 악녀로 변해가는 그녀에게 마음이 쓰인 데는 이유가 있었다. 아니라고 하고 싶지만, 자꾸만 내 모습이 오버랩 되었기 때문이다. 몇 번이고 다짐해도 내 몸과 마음 구석구석에 스며든 낮은 자존감의 습관은 의지로 해결되지 않았다. 자꾸만 내 허리를 꺾고 나를 작아지게 한다. 상대방의 지나가는 말 한마디에도 숨죽이며 조마조마하다. 나도 처음 가보는 식당에서 함께 식사하다가 음식 맛이 없다거나 서비스가 엉망이라고 불평해도 나 때문인 것만 같았다. 나도 모르게 그 식당에 대해 변명하거나 나도 똑같이 맛없었으면서 일부러 맛있는 척하기도 했다. 내가 그 상황을 책임져야 한다는 말도 안 되는 부담감이다.

그런 일들이 한 번 두 번 쌓여가면서도 모든 것을 기억하는 것은 내쪽이다. 모든 것을 떠안고 있는 나는 다툼이 일어나면 항상 억울하다. 내가 마음대로 하고 싶은 게 얼마나 많았는데 네 눈치 보느라 다 참은 거라고. 내가 얼마나 더 참아야 하느냐고 한숨을 내쉬며 외친다.

상대방은 당황스럽다. 식당에서는 맛있다고 잘 먹고, 나는 먹고 싶은 것 없으니 마음대로 하라고 해 놓고서는 이제 와서 자신이 원한 건

하나도 하지 못했다고 하니 말이다. 이건 어디까지나 모든 상황을 차곡차곡 쌓아가며 상처를 그려 넣은 나만이 알 수 있는 일이다. 나의 외침에도 흔들림 없는 상대방을 향해 이제는 독설을 늘어놓는다. 너는 네 맘대로만 하고, 혼자 잘났다고. 마음 깊은 곳에서는 그 분노가 상대를 향한 것이 아님을 알기에 이내 나에게로 돌아선다.

"내가 미쳤지. 내가 사라져야 해. 그냥 죽어 버리면 그만이야!"

삭아서 독이 되어버린 울분이 손 써볼 새도 없이 뿜어져 나온다.
상대방은 겁에 질린다. 그나마 호감을 가지고 있었는데 그렇게 독한 말을 담고도 밖으로는 그렇게 착한 척, 순수한 척, 우아한 척한 것 아니냐고. 배신감이 느껴질 정도란다. 나는 다시 부르르 떨며 더 독한 말을 눈물과 함께 쏟아낸다. 한참을 울고 난 나의 한마디.

"그러니까 나에게 사랑한다고 이야기해 줘."

내 말 한마디 한마디를 신경 쓰지 말고 무조건 예쁘다고, 어떤 경우에도 사랑한다고 하면 된다고 한다. 상대방은 갑자기 그런 말이 이해될 리가 없다. 이게 무슨 소리란 말인가. 이랬다가 저랬다가. 독설을 쏟고 저주를 퍼붓다가 그걸 다 들은 나보고 사랑한다고 이야기하라니. 울고 매달리고, 사랑한다고 이야기하라고 다그치고, 이야기하지 않는다고 또다시 저주하고.

내가 나에 대한 확신이 부족할 때 모든 일은 이러지도 저러지도 못하는 애매함과 혼란만 더해준다. 이런 모습을 다른 이에게 보이고 싶지 않은 것만은 분명한데 뭘 어떻게 해야 이런 느낌이 사라지는지 알지 못하기 때문이다. 그래서 당장 내가 편한 쪽을 선택해버리고 만다. 눈에 보이지 않는 내 마음의 확신을 찾느라 불안한 대신 내가 늘 해오던 감정의 반응을 이어간다. 나를 파괴하는 부정적인 감정 반응일지라도 말이다.

사랑스럽던 나는 어디로 갔을까. 밖에서 이리저리 아무리 찾으려 돌아다녀도 찾을 수 없다. 여전히 내 안에 있기 때문이다. 사랑스럽던 나도 사랑스럽지 않던 나도 여전히 내 안에 있다. 나는 그중에서 나에게 가장 익숙한 모습을 선택했을 뿐이다. 사랑스럽지 않더라도 익숙한 그 모습에 자꾸만 먼저 손에 가고 돌아서면 후회를 반복한다. 사랑스러운 내 모습이 분명 내 안에 있음에도 불구하고 새로운 선택, 아직은 어색한 선택을 하기에 주저하고 머뭇거린다.

사랑스럽지 않은 모습이라고 해서 숨기거나 버려야 하는 것만은 아니다. 내가 해야 할 것은 두 가지다. *하나는 사랑스럽지 않은 모습이 앞서 나오려 할 때 그 모습을 먼저 차분히 쓰다듬어 주며 달래주는 것이고, 다른 하나는 사랑스러운 모습이 익숙하고 편한 내 모습이 되도록 하는 것이다.* 나도 이제 사랑스러운 모습이 익숙하고 편안한 나, 의식하지 않아도 당연한 내 모습이 될 수 있다. 이제 시작일 뿐이다.

감
정
습
관
이

상
처
를

반
복
한
다

하이힐을 신고 경쾌하게 걷다가 발목을 삐끗했다. 민망한 순간을 넘기고 다시 걸었다. 한 블록을 지나기 전 또다시 휘청한다. '어, 어' 하는 사이에 발목이 꺾인다. 한 번 삐끗한 발목은 똑같은 쪽이 계속 말썽이다. 병원을 찾아 알고 보니 잘못된 걷기 습관으로 몸이 틀어지고 양쪽 다리의 길이가 살짝 달라진 상태였다. 어쩐지 한쪽 구두 굽만 먼저 닳더라니. 그런 줄도 모르고 나는 원래 그렇게 걷는다고, 구두가 견고하지 못한 탓이라고만 여겼다.

습관은 제2의 본능이라고도 한다. 처음에는 한 번의 사건에 불과했다. 하지만 의식하지 못한 사이 몇 번을 반복하면서 빠르게 습관이 된다. 나도 알지 못하는 사이 습관으로 자리 잡으면 이제는 마치 타고난 본능처럼 느껴진다. 반복할수록 중간 과정은 생략되고 처음의 자극과 반응만 남기 때문이다.

시간이 걸리긴 했지만, 자세를 교정하고 틀어진 골반을 맞추면서 차츰 걷기 습관을 바로잡을 수 있었다. 구두의 양쪽 굽의 모양도 갈수록 서로 비슷해지더니 이제 삐뚤하던 기억은 점점 더 먼 일이 되어가고 있다. 내가 원래 그렇게 걷는다고 믿었던 것은 나의 고정관념이었다. 실제는 교정할 수 있는 잘못된 습관에 지나지 않았다.

일대일 컨설팅을 요청한 M씨의 이야기다. 남자친구를 만나고 헤어지기까지 항상 같은 패턴이라는 그녀는 첫인상이 밝고 예의 바른, 누구나 호감을 가질 법한 30대 초반의 여성이다. 그녀의 말에 따르면, 전 남자친구들은 하나같이 먼저 이별을 통보했다고 한다. 다른 사람들한테는 자신이 '찼다'라고 했지만, 대부분은 그 반대였다.

최근 사례부터 차근차근 분석해본 결과, 그녀의 관계에는 '가까워지면 갑자기 기준을 바꾸고 기대치를 급히 올리는 습관'이 단단히 자리잡고 있었다. '나를 사랑하는 사람이라면, 내가 사랑하는 사람이라면 이 정도는 되어야 한다'는 나름의 기준으로 급격히 교체하는 것이었다. 평범한 사람이 순식간에 '이상형'으로 바뀐다.

그 기준은 완벽에 가깝게 밀어붙이며 올라가기 때문에 상대방이 아무리 노력해도 그녀의 기대치에는 턱없이 부족하다. 상대방이 하는 모든 노력은 다 '기본이고 당연한' 것들뿐이다. 처음엔 기쁜 마음으로 기꺼이 다가오던 이들도 '더, 더, 더'를 외치는 그녀 앞에서 점차 지쳐간다. '오늘은 좀 피곤해서', '늦게까지 야근을 해야 해서', '부모님 댁에 가봐야 해서', '친척 결혼식이라서' 등으로 만남을 조금씩 미룬다.

그럴수록 M은 남자의 반응에 집착했다. '주말에 약속이 있으면 미리미리 일해 두었어야지', '야근이 아니라 회식이겠지'라거나, '부모님 댁에는 갑자기 왜 가는데?', '친척 결혼식이라면서 나한테는 왜 미리 이야기 안 했어? 나도 간다고 할까봐? 나를 숨기려고 하는 이유가 뭐야?'라며 다그친다.

뻔한 결말이 다가오고 있다. '그만 만나자'라는 남자의 말에 그녀는 '자꾸 야근한다고 가족 모임 있다고 할 때 알아봤어. 다른 여자 생겼지? 뻔하다 뻔해. 그것밖에 안 되는 주제에' 등으로 상대방을 갑자기 깎아내린다. 자신과 멀어졌다고 느끼면 이상형으로 포장하던 상대방을 완전히 바닥으로 끌어 내리는 것이다.

상대방은 돌변하는 그녀의 모습에 실망하며 돌아선다. 처음에 그렇게 밝고 예의 바르던 그녀가 눈앞에서 분노에 차 막말을 내뱉는 모습을 보며 나름의 배신감을 느낀다. 헤어지고 나면 상대 남자는 천하에 몹쓸 놈이 되고 어느덧 일상으로 돌아온 그녀는 또다시 예의 바른 태도와 웃음으로 누군가의 호감을 산다. 그리고는 똑같이 반복되는 관계.

M은 한숨을 쉬며 이야기한다. '내가 만나는 남자들은 하나같이 왜 그러냐'고. '나는 왜 이렇게 남자 복이 없느냐'고 말이다. 나처럼 좋은 여자에 비하면 형편없는 인간들이라고 한다. 정말 그런 남자들만 골라서 만나기도 쉽지 않을 것이다. 하지만 의문이 남는다. 정말 모두가 처음부터 그런 남자들이었을까? 혹시, 누굴 만나도 결국 그런 남자가

되는 것은 아닐까?

상대방도 그가 가진 고유한 모습이 있다. 관계 속에서 원래의 모습은 조금씩 변형되어 나타난다. 서로 영향을 주고받기 때문이다. 특정한 이들과의 만남에서만 나타나는 모습이 있다면 그 관계에서만 만들어져 굳어진 서로의 감정 습관을 확인해 보아야 한다.

M의 경우 비슷비슷한 사람을 끌어당겼을 수도 있고, 아주 다른 이들을 비슷한 모습으로 나타나게 만들었을 수도 있다. 어떤 경우든 한번 나타난 상처가 반복된다는 점에서는 변함이 없다. 그리고 이 둘 간의 공통점은 결국 모든 것이 M에게 달려있다는 것이다. 그녀가 잘못했기 때문에, 그녀가 노력했다면 더 잘됐을 것이라는 의미가 아니다. 오히려 그녀의 잘못이 아니며, 노력만으로는 결과를 바꿀 수 없음을 이야기하고자 한다.

그녀는 상대방의 이상형이 되고 싶다고 했다. 상대를 위해 모든 것을 바꾸고 맞출 수 있다고 말이다. 그만큼 상대방 또한 자신의 이상형이 되어주길 원한 것뿐이라고 한다. 내가 하는 만큼만 하면 되는데 상대방이 그걸 못하고 포기하는 거라고 답답해한다.

M은 앞으로 이런 자신의 진짜 모습을 받아줄 수 있는 사람을 만나고 싶다고 했다. 나도 그랬다. '나의 모습을 있는 그대로 받아줄 수 있는 큰 사람'을 찾노라 입버릇처럼 이야기했다. 이 말만 놓고 보면 틀린 말도 아니다. 하지만 나는 가장 중요한 부분을 놓치고 있었다.

나도 '나의 모습'을 제대로 모르고 있다는 사실이었다. 나도 내 모습을 모르면서 남에게 있는 그대로 받아들여 달라니 말이 안 된다. 스스로를 제대로 파악하지 못한 이들의 특성은 '이랬다 저랬다' 하는 것이다. '즉흥적이고 기분파' 정도로 에둘러 표현하지만 알고 보면 자신이 뭘 원하는지 스스로 체득된 바가 없어서 그때그때 상황과 환경에 따라 휘둘리는 경우가 대부분이다. M의 이야기는 꼭 지난 나의 모습을 보는 듯했고 그녀에게 가장 필요한 것은 나와 같이 '진짜 내 모습'을 알아보는 것이었다.

상처가 반복되는 데는 반드시 이유가 있다. 의미 없는 상처는 없고 우연히 반복될 이유도 없다. 남들은 별것 없어도 잘만 살아가던데, 나는 온종일 미친 듯이 노력해도 아무것도 남지 않은 느낌이 든다. 움켜쥘수록 빠져나가는 모래알 같은 일상에 가슴치고 답답해도 답을 찾을 수가 없다. 해답을 내가 아닌 상대방, 상황, 환경 등 외부에서 찾으려 했기 때문이다. 찾으려 헤맬수록 미궁에 빠져들게 된다.

상처가 반복된다면 그 과정을 반드시 짚어보아야 한다. 한 번의 상처를 치유하는 것도 쉬운 일은 아니다. 처음 시작하는 과정이라면 더욱 그렇다. 나 역시 지금 하는 일이 정말 상처를 치유하는 게 맞긴 한 건지 헷갈리고 의심스러울 때가 많았다.

똑같은 상처가 반복되면 나름의 치유가 의미 없다는 자괴감에 빠져든다. 상처는 치유할 수 없다는 생각에 사로잡히면 반복된 상처에서 헤어 나오지 못하고 자포자기에 이르고 만다. 가장 위험한 케이스다. 누군가 도움을 주고자 다가가도 '나도 해봤는데 소용없더라'는 회의감에 처음보다 더 부정적으로 숨어드는 경우도 허다하다.

그래서 나를 들여다보는 일은 조심스럽다. 무턱대고 따지고 들 게 아니라 한발씩 천천히 다가가는 것이 중요한 이유다. '천천히'란 물리적인 시간을 오래 두어야 한다는 의미가 아니다. 중간 과정을 생략하거나 빨리 결론 내려는 조급함을 버린다는 뜻이다. '그래서 내가 뭘 잘못했다는 건데? 어떻게 하면 되는데? 무슨 책 읽으면 되는데?' 하는 식은 자기 비하나 마찬가지다. '그냥 빨리 대충 좋다는 것 해주면 되겠지' 하는 나에 대한 안일함이 상처를 키우고 반복한다.

비슷한 상황과 상처가 반복된다면 감정 습관을 들여다보아야 한다. 감정 습관은 습관 자체만 뜯어서 보는 기계적인 형태가 아니다. '나'라는 섬세한 유기체 구석구석에 몸을 감추고 있는 오래된 비밀을 끄집어내는 일에 가깝다. 분명 습관에 불과한데도 마치 원래 내 몸의 일부인 척하는 것들이 바로 감정 습관이다. 그래서 이를 나와 분리하고 보면 대부분은 깜짝 놀란다. '내가 원래 그런 사람이 아니었구나' 하는 안도감에서부터 '이걸 원래 내 모습이라고 오해했다니!'라며 회한에 차기도 한다.

우리는 이러한 나의 원래 모습을 찾아보고 확인하며 새로운 방향으로 이끌 준비를 하게 된다. 약간의 시간과 노력이 필요하겠지만, 지금 이 순간 기억할 것은 단 한 가지다. *상처받는 나를 당연하게 여기지 않는 것.* 원래 그런 나는 존재하지 않는다. 상처받기 위해 태어난 존재는 없다. 누군가 당신을 괴롭히기 위해 벌을 주고 있는 것도 아니다.

단지 아직 찾아내지 못한 몇 가지 습관, 내 안에 끈질기게 따라붙은 감정 습관을 알아볼 때가 된 것뿐이다.

상처받는 진짜 이유는 따로 있다

　오늘도 '감정코칭연구소'에는 크고 작은 상처 받은 이들이 문을 두드린다. 다시 말하자면 '상처받았다고 여기는' 이들이다. 블로그 이웃이었던 J씨도 이와 같은 경우에 해당했다. 블로그에 올린 나의 글에 꾸준히 관심을 보이다가 드디어 감정코칭연구소의 문을 두드리게 되었다.

　J씨는 자신이 왜 반복해서 상처를 받는지 전혀 모르겠다고 했다. 겉으로 봐서는 아무도 자신의 상처를 모를 것이라고 했다. 누가 봐도 사회생활을 착실하게 해내는 그녀는 이런 상처가 있다는 것을 누구에게도 알리고 싶지 않았다. 아무도 이해하지 못할 것이라 여겼다. 오히려 그러한 사실을 공개하면 자신의 약점이 되고 이제까지의 이미지에 마이너스가 될 것만 같았다.

　나름대로 최선을 다해 잘 살아간다고 믿는 자신에게만 이런 일이 일어나는지 정말 사람 복이 없고, 운이 없는 인생이라고 쓴웃음을 보였다. 소위 말해 이것이 자신의 팔자려니 하고 포기하고 싶기도 했다. 그래서 겉으로는 사람들과 잘 지내는 것처럼 행동하면서 속으로는 모두에게 높은 담을 쌓으며 멀어지고 있었다.

J씨는 도대체 어떻게 상처를 받았을까? J는 어릴 적부터 모든 사람과 잘 지내고 싶다고 했다. 친구들 사이에서는 중재자 역할이었고, 다른 친구들이 원하는 것을 우선으로 했다. 자신은 '성격이 좋으니' 어떤 쪽이어도 크게 상관없다고 했다. 자신이 포함된 그룹의 모든 이들이 다 원하는 것을 맞추기 위해 먼저 다양한 아이디어를 내고 최대한 많은 이들이 좋아하는 쪽으로 결정되도록 애썼다. J씨는 모임을 자신보다 앞에 두고 모든 일을 120%로 해냈다고 했다. 그렇게 해서 다른 이들이 J씨 덕분이라고 하는 한마디에 그간의 고생을 모두 보상받는 느낌이라고 말이다.

시간이 갈수록 자신이 속한 그룹에서 J씨의 역할은 항상 모든 것을 먼저 준비해주어야 하는 쪽이 되었고, 처음엔 고마움을 표하던 이들도 갈수록 하나둘 자신의 마음에 들지 않는 부분만 이야기하기 시작했다. 한쪽이 좋아하는 부분을 다른 쪽은 싫다고 하는 등 상반된 의견이 이어졌다. 그 모든 것의 책임은 J씨에게 집중되었고 상황이 반복되면서 이제는 마치 모든 것이 J의 잘못인 것처럼 원망을 듣기에 이르렀다.

J씨에겐 엄청난 충격이었다. 적지 않은 시간 동안 모든 것을 바쳤는데, 자신의 수고나 희생은 아무도 알아주지 않는 것 같았다. 다른 이들의 의견을 통해서 자신의 존재 가치를 증명해 왔는데, 이제는 더

이상 자신이 존중받지 못한다는 생각이나 느낌 때문에 상처를 받은 것이었다.

　J씨를 비롯해 대부분의 사람들은 다음과 같은 때 존중받지 못한다고 느끼고 있었다. 첫째, 내 마음을 읽어주지 못한다고 느낄 때, 둘째, 내 말을 제대로 들어주지 않을 때, 셋째, 내가 하고 싶은 말을 하지 못할 때 등이다. 여기서 주어는 모두 '상대방'이다. 이 모든 것이 어디까지나 상대방이 해주지 않은 것을 기준으로 한다. 상대방이 해야 하는 것을 소홀히 했기 때문이라 여긴다.

　반대로 기준을 나에게 두면 어떤 의미가 될까? 다시 말해 내가 존중받는다고 느낄 때는 언제인가? 첫째, 내 마음을 제대로 표현할 때, 둘째, 내가 원하는 대로 전할 때, 셋째, 내가 하고 싶은 말을 할 수 있을 때일 것이다. 이렇게 양쪽의 기준을 모두 오가면서 존중받지 못한 것이 일방적으로 상대의 잘못만이 아니라 나의 표현과 전달 방식에도 원인이 있음을 점차 깨달을 수 있다.

　20대 초반의 나도 그랬다. 당시 나의 가장 큰 좌절감은 학교나 외부 모임에 비해 집과 교회에서는 내가 제대로 존중받지 못하는 것 때문이었다. 나의 표현이나 전달 방식은 전혀 고려하지 않고 보면 정말 그랬다. 그러나 여기에는 결정적인 차이가 있었다. 학교에서의 내 모습과 집이나 교회에서의 내 모습이 전혀 달랐던 것이다.

　다른 곳에서는 활발하고 친구들 앞에 나서기를 좋아하고 무슨 일이 생기면 달려가 해결하기를 좋아하는 내가 있었다. 집이나 교회에서는 왠지 그렇게 하면 안 될 것 같았다. 누가 직접 말해준 건 아니었다. 내가 느끼기에 집에서는 공부나 칭찬받은 이야기가 아니라면 괜히 해봐야 부모님의 걱정을 들을 것만 같았다. 그렇게 말이 없고 무뚝뚝한 딸로 지냈다.

교회에서야말로 학교생활은 전혀 이야기할 수 없는 '세상 것'이었다. 신앙적으로 앞선 '교회 오빠, 언니'들이 가장 인기 있는 곳에서 괜히 꺼낼 이야기도 아닌 것 같았다. 그곳엔 나의 부모님과 더 어릴 적부터 나를 보아온 어르신들까지 계시니 집에서보다 더 조심스러웠다. 그저 착한 아이로 눈에 띄지 않는 것에만 급급했다. 이처럼 각각 다른 모습을 보이는 내가 서로 다른 반응을 얻는 것은 너무도 당연했다.

J씨는 나와의 일대일 코칭 과정을 통해 자신이 진짜 원하는 것이 무엇이었으며, 다른 이들의 반응에 느낀 감정의 실체, 상처의 실체를 이해하게 되었다. 처음 용기 내어 도움을 요청하며 문을 두드린 때 결심한 대로 자신이 받은 상처의 실체를 파악하고 그로부터 벗어나게 된 것이다.

하지만 여기서 그친다면 단순한 상처의 치료에 지나지 않는다. J씨는 자신의 상처와 감정의 실체를 알게 되자 현재 상황을 벗어나는 것뿐만 아니라 나아가 진정한 원래의 모습을 회복하기 시작했다. 내 안에 있는 것들을 모두 하나씩 새롭게 들여다보게 되었다. 진정한 자신의 온전한 모습을 회복해 나가면서부터는 상처 자체로부터 자유로운 삶, 나아가 자신의 경험을 통해 다른 이에게 희망과 용기를 심어주고 싶다는 단계까지 이르게 되었다. 이후 나와 함께 본격적으로 감정코칭을 시작하게 된 J씨는 이런 의미에서 처음 한 번의 용기가, 단 한걸음의 시작이 얼마나 위대한 것인가를 새삼 깨닫고 지금도 감사를 잊지 않는다.

상처받는 진짜 이유는 상대방 때문만이 아니다. 상대방의 표현에 반응하는 나의 자존감 때문이다. 자존감이 부족하면 상대방의 표현에 불필요한 영향을 받게 된다. 처음의 의도와 달리 자꾸만 상처가 되는 것도 이 때문이다.

나는 자존감이 높은 것 같은데도 왜 상처를 받는지 의문이 든다면 그 자존감의 정체를 명확히 해야 한다. 어떤 것에 대한 대가로 주어지는 조건부 자존감은 아닌지, 내가 원하는 대로 구성해서 꾸며 넣은 만들어진 자존감은 아닌지 말이다.

자존감은 일시적으로 만들어내고 덧입을 수 있는 옷이나 장식품이 아니다. 오히려 가장 안쪽에 숨어있는 알몸이고 그 속의 뼈와 근육 장기들이다. 내가 내 마음대로 만들어낼 수 있는 것이 아니기에 내 안에 있는 진짜 모습을 제대로 보는 것이 우선이다.

내가 원한만큼 멋진 몸매가 아니라고, 강철 같은 심장이 아니라고 실망할 필요도 없다. 중요한 것은 그것이 지금 살아 숨 쉬고 있다는 것이다. 아무리 멋진 몸도 살아있지 않으면 아무 소용이 없다. 살아있어야 진짜다. 진짜가 가장 아름답다.

진짜 이유는
나의 자존감이다

관계에서 항상 상처받는 쪽이 나라고 믿는가? 내 주위엔 나의 의도와 관계 없이 만날수록 힘들어지는 사람들만 가득하다. 나도 누군가에 의지하고 위로 받고 사랑받고 싶다. 나는 이렇게 상대방을 위해 노력하는데 왜 내가 원하는 만큼 충분히 나를 사랑해 주는 사람은 없을까. 나는 항상 외롭고 쓸쓸하고 억울하다. 하지만 이것을 꺼내놓는 건 내 자존심이 허락하지 않는다. 나를 좋아 해 달라고 구걸하는 것만 같다.

이미 불편해진 마음은 우연히 일어난 작은 일도 즉각적으로 상처로 바꾸어 버린다. 나도 쉽게 휩쓸리지 않는 강하고 쿨한 사람이 되고 싶다. 하지만 말하고 행동하는 동안에도 정작 내가 무엇을 느끼고 생각하는지 이해가 되지 않는다. 이런 상태에선 상대방의 반응도 하나같이 마음에 들지 않는다. 더 나은 게 있을 것 같은데, 뭔지 모르겠지만 답답하고 짜증스럽기만 하다.

당신이 상처받는 진짜 이유는 상대방 때문만이 아니다. 진짜 이유도 모른 채 작은 일에도 모욕감을 느낀다면 불필요한 일들까지 하나하나 영향을 받고 있다는 뜻이다. 넘치도록 반응하게 하는 내 안의 '무엇'부터 찾아보아야 한다.

문제는 자존감이다. 자존감이 부족하면 상대방의 표현에 불필요한 영향을 받게 된다. 처음의 의도와 달리 자꾸만 상처가 되는 것도 이 때문이다. 처음부터 그랬던 것은 아니다. 사랑스럽던 나는 어디로 갔을까. 밖에서 이리저리 아무리 찾으려 돌아다녀도 찾을 수 없다. 여전히 내 안에 있기 때문이다. 사랑스럽든 사랑스럽지 않든 그 모두는 여전히 내 안에 있다. 그저 나에게 익숙한 모습을 반복해서 선택했을 뿐이다.

나는 자존감이 높은 것 같은데도 왜 상처를 받는지 의문이 든다면 그 자존감의 정체부터 명확히 해야 한다. 어떤 것에 대한 대가로 주어지는 조건부 자존감은 아닌지, 내가 원하는 대로 구성해서 꾸며 넣은 만들어진 가짜 자존감은 아닌지 말이다.

나 혼자 상처받고 힘들어하는 비련의 주인공 역할은 끝났다. 자존감을 이야기하는 지금, 여기서부터 새로운 시작이다.

지금 자존감을 이야기하는 이유

자존감이 부족하면 모두가 불편하다

지금이 아니면 안 되는 말 한마디

누구도 나를 대신 지켜주지 못한다

말투만 바꿔도 자존감은 자라난다

상처를 극복하면 자존감이 된다

과거의 나는 지금의 내가 만들었다

2장

지금 나에게 가장 필요한 것은 자존감이다

지
금
자
존
감
을
이
야
기
하
는
이
유

이동 중 라디오를 듣다 보면 편안한 목소리의 디제이들이 들려주는 이야기가 문득 귀에 들어오곤 한다. 그날도 나긋나긋한 목소리의 디제이가 읽어주는 한 구절이 들어온다. '자존감이 높은 이들은 상대방에게 먼저 다가가기를 두려워하지 않는다. 이들은 거절당해도 그렇구나 하고 넘긴다'는 내용이었다. 순간 나도 '그렇지' 하곤 대수롭지 않게 다른 곳으로 시선을 돌렸다.

며칠이 지나 택시를 타고 가는데 오후 라디오 방송 특유의 경쾌한 목소리가 흘러나온다. 그러다 내 귀를 파고드는 한 구절. '자존감이 너무 높으면 먼저 고백하는 경우가 거의 없다. 그들은 자신이 거절당하는 것을 견디지 못하기 때문'이라는 내용이었다. 순간적으로 며칠 전 들었던 내용이 겹치면서 '이건 뭐지?' 하는 생각이 들었다.

둘 다 자존감에 관해 이야기하고 있지만, 그 내용은 정반대에 가깝다. 자존감이 높아서 먼저 다가가기도 하고 못 다가가기도 한다니, 무슨 말일까? 물론 자존감이 높다고 항상 먼저 다가가는 것도 아니고, 반대로 절대 다가가지 않는 것도 아니다. 다만 여기에는 '자존감'에 대한 큰 오해가 숨어 있었다.

이 둘 중 하나는 사실 자존감이 아닌 '자존심'에 가까운 이야기다. 언뜻 보았을 때 두 단어는 아주 비슷해 보인다. 실제로는 둘은 서로 반대 방향을 보고 있는 전혀 다른 의미다. 거기엔 다음과 같은 이유가 있다.

자존심의 기준은 외부에 있다. 흔히 자존심은 '세운다'는 표현을 사용한다. 이 '세운다'는 동사는 주어가 필요하다. 누군가 세워주어야 한다. 자존심은 외부의 인정, 다른 사람들의 반응에 따라 결정된다. 외부에 기준을 둔 것은 일정치가 않다. 다양한 상황에 따라 변화무쌍하기에 간신히 세운 자존심이 한 번의 실수나 판단으로 완전히 무너지기도 한다.

외부의 칭찬에만 익숙한 이들이 어느 순간 바닥으로 곤두박질치는 경우 이와 같은 이유 때문이다. 스스로 만들어둔 기반 없이 세운 자존심은 한번 꺾이고 무너지면 다시 세우기 참으로 어렵다. 오히려 자존심이 무너질 때의 기억이 다른 이들과의 관계를 단절하게 만든다. 타인과의 관계를 멀리하게 되면 외부 기준에 의존하여 세워지는 자존심은 다시 세우기 어렵게 된다.

자존감은 이와는 다르다. 자존감의 기준은 철저히 내부에 있다. '자존감'의 사전적 의미 그대로 '내가 나를 존중하고 품위를 지키는 것'이다. 존중의 기본은 어떤 모습이든 있는 그대로를 인정하는 것이다. 따라서 내가 나를 조건 없이 완전히 받아들일 때 자존감의 기초가 생긴다. '품위를 지키는 것' 또한 온전히 나 자신에게 달려 있다. 다른 이들이 나를 어떻게 평가하느냐는 중요하지 않다. 내가 바라보는 내 모습, 내가 나에게 붙인 이름이 우선이다.

자존감이 높은 사람은 타인에게 먼저 다가가는 사람일까, 아니면 상대가 자신을 찾을 때까지 기다리는 사람일까? 결론부터 말하자면 이러한 질문으로부터 자유로울 수 있는 것이 진정한 자존감이다. 자존감이 높은 사람은 자신의 생각과 감정을 믿고 그대로 행동한다. 먼저 다가가고 싶은 대상에게는 다가가고, 그렇지 않을 때에는 굳이 다가가지 않기도 한다. 자존감이 높으면 타인의 의견에 상관없이 당시의 판단과 감정에 따라 자유로이 선택할 수 있다.

자존감을 이러한 행동의 전제 조건으로 고민한다면 오히려 제대로 된 자존감이 형성되지 못했을 때이다. '조건부 자존감'이라고도 할 수 있겠다. 내가 이런 행동을 하는 것이 자존감이 높기 때문인가를 고민하게 된다면 아직은 자존감의 기초부터 다질 때이다.

나 자신이 미워질 때 또는 다른 사람들이 미워질 때 원인을 외부에서 찾으려고 하지만 사실 그 안에는 자존감이 원인이 되는 경우가 대부분이다. 스스로가 마음에 들지 않을 때, 회사를 옮기고 공부를 더 하겠노라 온종일 애를 썼지만, 자존감을 들여다볼 생각은 하지 못했다.

관계 속에서 상처받고 다른 사람들이 미워질 때도 내가 더 예쁘고 사랑스럽지 못해서라고 자책하며 내 자존감을 함부로 여겼다.

자존감을 이야기하는 것이 곧 내 자아를 찾아가는 과정이 된다. 내 존재의 본질을 알아가는 시간이다. 많은 이들이 나에게 문의하는 것 중에 하나가 바로 '감정 조절'이다. 어떻게 하면 빨리 효과적으로 부정적인 감정을 조절할 수 있느냐고 다급하게 도움을 요청하기도 한다. 물론 즉각적으로 효과가 있는 방법도 있다. 몇 가지 간단한 방법으로 당장의 상황을 벗어날 수도 있다. 사건 사고가 일어났을 때 응급처치와도 같다.

만약 다시는 그런 상황이 생기지 않는다는 보장만 있다면 응급조치 후 회복으로 충분하겠지만, 감정의 문제는 그렇지 않다. 내 안에 이미 자리 잡고 있는 습관으로 인해 유사한 상황이 발생할 가능성도 크고 마찬가지로 이전과 같은 반응을 반복하기가 쉽다.

한 번의 응급 상황을 벗어났다면 이제는 진짜 원인을 찾아야 한다. 모든 일에는 원인이 있다. 감정사건에도 원인이 있다. 흔히 감정에 대해서는 원인을 모르겠다고 호소하는 이들이 많다. 자신도 모르게 반응하다 보니 같은 상황이 반복되는 가운데 어떤 이유인지를 잊어버렸기 때문이다. 이후로는 자동적인 반응을 본능과 같이 타고난 것으로 여기는 단계에 이른다. 이것이 지금 자존감을 이야기하는 이유다.

감정 조절에는 나에 대한 앎이 우선되어야 한다. 앞서 강조한 대로 나를 아는 과정이 바로 자존감을 찾는 과정이다. 조절에는 기준이 필요하다. 지금 몇 도인지 알아야 뜨겁게 데우던 차갑게 식히건 할 것 아닌가. 나를 아는 것이 바로 이러한 기준이 된다. 나를 알아야 조절도 가능하다.

자존감을 글자 그대로만 논할 때는 추상적인 개념으로만 여기기 쉽다. 24시간 내 안에 살아 움직이는 내 존재의 실체라는 것을 전혀 인식하지 못하기 때문이다. 그래서 자존감에 관해 이야기할 때는 내 존재의 실체를 확인하는 것이 우선이다. '내가 곧 나인데, 존재의 실체라니?' 의아하기도 한다. '나와 나의 존재가 다르다는 의미인가?' 그렇다.

나와 내 실체가 완전히 일치할 때는 자신에 대한 의문이 생기지 않는다. 내가 하려는 것이 무엇이든 의심 없이 자연스럽기 때문이다. 자존감에 관해 이야기를 해야 할 때는 바로 나와 내 존재가 명확하게 일치하지 못할 때다.

지금 자존감을 이야기하는 이유는 현재의 나와 본질적인 존재의 나를 일치시키기 위함이다. 우선 해야 할 일은 현재의 내가 내 존재를 객관적으로 보고 둘 사이의 거리감을 파악하는 일이다. 이러한 거리를 인정해야 그러한 거리감의 진짜 이유를 알아볼 수 있다. 둘 사이 거리감의 이유를 알게 되면 다음은 이를 좁혀나가는 것이다. 원인과 방법을 명확히 하면 이를 실천하는 일만 남았을 뿐이다.

더는 이유 없이 답답해하거나 어쩔 줄 모르고 방황할 일은 없다. 나와 내 존재가 서서히 마주 보며 거리를 좁혀간다. 자존감이 온전히 회복하는 순간 이 두 존재는 완전히 일치하게 된다. 그다음은 이러한 일치감을 온전한 나의 습관으로 체화하는 일만 남았다. 그리고 이제 그러한 습관은 제2의 본능이 되어 새로운 나로 이끌어줄 것이다. 새로운 나를 원한다면, 지금이 바로 자존감을 돌아보고 이야기할 때다.

둘,

자
존
감
이

부
족
하
면

모
두
가

불
편
하
다

"네가 어떻게 나한테 이럴 수가 있어?"

참으로 많이 들어본 이야기다. 재미 삼아 '너'와 '나'라는 단어에는 어떤 것을 넣어도 말이 될 정도다. 사람이 아니어도 된다. 국가 이름이어도 되고, 지우개, 연필 같은 물건의 이름을 넣어도 이해가 된다. 예를 들어, '지우개가 어떻게 연필한테 이럴 수가 있어?'처럼 말이다. 이 문장에서 상상할 수 있는 모습은 무엇인가? 아마도 지우개가 연필한테 '얼마든지 써도 된다. 틀리면 내가 다 지워줄게'라고 하고서는 막상 연필이 글자를 잘 못 쓰자 딴 이야기를 하는 모양이다. 지워줄 생각은커녕 '연필이면 글씨나 똑바로 써라'라며 다른 연필들이 가득한 앞에서 창피를 준 모양이다. 혹은 다른 연필이 쓴 글자만 지워주고 이 연필의

66

글자는 모른척한 것일 수도 있다.

나는 상황에 따라 지우개도 되고 연필도 된다. 믿었던 연필이 배신하는 경우도 있었고, 배신한 연필로 취급당하기도 했다. 표현상 연필이 배신한 더 나쁜 쪽이라고 보일지 모르겠으나, 둘 다 경험해 본 바에 의하면 이것은 어떤 한쪽의 문제라 할 성질의 것이 아니다. '배신'이라는 것은 어디까지나 상대적이기 때문이다. 나와 상대방 각각의 기준이 동시에 별개로 적용된다는 뜻이다. 이렇게 자신의 기준을 다른 이에게 적용하려 할 때 둘 간의 차이와 충돌이 나타난다.

이때 각자의 기준은 자존감을 근거로 한다. 한 개인의 자존감에 따라 기준 자체도 달라지지만, 무엇보다 큰 영향을 주는 것은 상대방의 기준을 받아들일 때이다. 자존감이 온전할 때 상대방의 기준은 있는 그대로의 기준에 불과하다. 상대방의 기준 대신 내 기준을 적용해야 한다던가, 내 기준 대신 상대방의 기준을 따라야 한다는 부담감이 없다. 자존감이 온전히 형성되지 못했을 때, 아직 낮은 상태 그대로일 때 상대방의 기준은 부담이고, 내 기준을 따르지 않는 것은 상처가 된다.

출산 후 몇 주간 산후우울증을 겪었다. 당시엔 설마 나처럼 씩씩한 사람이 그런 것을 겪을 리가 없다고 부인했지만, 돌아보니 바로 그것이 산후우울증이었다. 다음은 그때 있던 대화 중 일부다.

"아기 우유병 젖꼭지 부분은 잘 문질러 닦아야지 안 그러면 이렇게 미끈거리더라."

"지금 엄마가 되어서 젖병 하나도 제대로 못 닦는다 이거야? 그럼 안 하면 될 거 아냐! 나 안 해! 안 한다고!"

남편의 말에 내가 대답한 한 마디다. 글로 써놓고 보아도 중간에 몇 문장 더 있는 게 아닐까 어색할 정도지만 사실이 그랬다. 남편은 자신이 젖병을 씻으면서 알게 된 경험을 공유하고 있었다. 하지만 난 거기에 대고 엄마 자격을 운운하며 분노를 폭발시켰다. 상대는 아직 아무런 이야기를 하지 않았다. 다만 출산 후 우울감으로 한껏 낮아진 나의 자존감이 상대방의 말 한마디에도 초긴장 방어태세를 갖추는 것이다.

자존감이 부족한 사람은 항상 자신이 상처를 받는 쪽이라고 여기지만, 상대방 입장에서는 꼭 그렇지만도 않다. 상처를 끌어안고 있는 이가 사실은 상처를 주는 경우도 허다하다. 앞서 나의 예와 같이 나의 자격지심으로 인한 방어가 상대방에게는 또 다른 공격이 된다. 만약 상대방의 자존감까지 무너져 있다면 '나는 이렇게 노력하고 있는데 너는 말 한마디에 불같이 화를 내다니! 네가 어떻게 나한테 이럴 수 있어!'가 나오는 것은 순식간이다.

자존감이 한 개인의 문제로 끝난다면 그나마 다행일지 모른다. 하지만 자존감의 부족은 주변 이들까지 모두 힘들게 몰아가는 이상한 힘이 있다. 부정적인 생각이나 감정이 긍정적인 것보다 훨씬 더 빠르게 전염된다. 어떤 모임에서 부정적인 표현을 하는 이가 한 명만 있어도 분위기는 순식간에 가라앉는다. 반면에 부정적인 이들 가운데 긍정적인 생각과 이야기를 전하는 이 한 명만으로는 분위기가 살아나지 않는다.

　스스로를 비하하는 사람과 같이 있으면 처음엔 거부감이 들다가도 위로한다는 게 그만 나도 자신을 비하하기 시작한다. 누군가 '나같이 별 볼 일 없는 애가……'라고 했을 때 '나'는 점점 '우리'가 된다. 그런 이들과는 만나고 나서도 꺼림칙하고 괜히 나까지 더 시시해 보인다. 그런 일이 몇 차례 반복되고 나면 점차 그 관계는 서먹해지기 마련이다. 만나면 같이 시시하고 보잘것 없어지는 기분을 누가 좋아하겠는가. 자존감이 낮은 사람들은 점차 멀어지는 관계를 보며 '역시나 나 같은 사람을 좋아할 리가 없다'며 또다시 자기비하와 자책에 빠지고 만다.

　나에게 자신이 없으면 자꾸만 주위 사람에게 의존하게 된다. 누군가와 함께하지 않으면 자꾸만 불안해지기 때문이다. 좀 더 구체적으로 여기엔 두 가지 상황이 있다. 하나는 고만고만한 사람들끼리 모여 내가 힘드나 네가 힘드나 경쟁을 벌이는 경우다. 맨날 모이면 그 타령이다. 그래도 그 가운데서 나는 그나마 나아 보인다며 위안을 얻는 희한한 모양새다. 다른 하나는 잘나가는 것 같은 친구들 사이에 끼어서 나도 그들과 같은 부류인 것처럼 행세하는 것이다. 다분히 외적인 부분에만 치중한 흉내 내기로, 실제의 모습이나 생활과는 전혀 다른 허세다. 어느 쪽이든 다른 사람에게 자꾸만 기대고 싶은 것은 변함이 없다.

　자존감이 높은 사람과 만났을 때 내가 느끼는 기분도 크게 두 가지로 나뉜다. 이는 나의 자존감의 상태에 따라 다르다. 만약 나의 자존감이 온전한 형태로 유지되고 있다면 자존감 높은 상대를 만났을 때 나 또한 산뜻한 기분이 된다. 서로를 있는 그대로 바라보고 칭찬하고 배우며 성장하는 기회가 된다. 서로 이야기가 통하니 관계가 발전하고 눈을 맞추니 건설적인 미래를 이야기하기가 쉽다.

나의 자존감이 온전치 않을 때, 바닥을 치고 있을 때는 전혀 다른 느낌이다. 자존감이 높은 사람이 다가오는 것 자체가 부담스럽다. 다가오는 것만 봐도 자기 비하나 연민에 빠진다. '나 같은 사람이랑 만나줄 리가 없어' 또는 '자기는 잘 났으니까 나한테 이래라저래라 하고 싶겠지. 누군 몰라서 못하나' 같은 식이다. 그러니 만남 자체도 힘들고, 만난다 해도 서로 다른 곳을 바라보다 끝나기 쉽다. 자존감 높은 이가 부럽기도 하고, 닮고 싶지만 닮을 수 없다며 혼자 이리저리 왔다 갔다 하는 사이에 나의 자존감은 또다시 어둠 속으로 내려앉는다.

자존감이 온전하지 못할 때 모든 것이 나에게만 불공평하고 모든 책임을 돌리는 것 같다. 이 자체로도 마음에 주는 부담감은 상당하다. 나아가 이런 자아의 상태로 하는 대부분의 반응과 표현은 상대방에게도 상처나 오해가 되기 쉽다. 낮은 자존감이 관계를 파괴하고 파괴된 관계가 자존감을 무너뜨리는 악순환이 된다. 만약 주변 환경이 나에게만 불리한 것 같고, 나를 둘러싼 관계가 갈수록 힘들어지고 있다면 내 안의 자존감부터 챙기라는 신호다. 내가 편해야 모두가 편하다. 내가 변하면 모든 것이 변한다.

지
금
이
아
니
면
안
되
는
말
한
마
디

스물아홉의 나는 주중에는 서울에서 직장을 다니고 주말에는 부모님이 계신 경기도 광주의 집으로 가곤 했다. 느지막이 일어난 토요일, 대충 눈에 보이는 옷을 주워 입고 나섰다. 멍하게 지하철역을 향해 가는데, 역 입구에 한눈에 봐도 정성껏 예쁘게 차려입은 내 또래 여자가 보였다. 다가가는 나에게 활짝 웃어 보이기에 순간 놀랐지만, 곧 내 뒤에 있던 남자를 향한 것임을 알았다. 남자는 나를 앞질러 여자에게 뛰어갔고 두 손을 맞잡은 그들의 얼굴에는 환한 미소가 가득했다.

나는 순간 심술이 났다. '아침부터 뭐가 저렇게 좋다고' 하지만 그들 옆을 지날 때 나는 왠지 내 발끝을 보고 있었다. 너무나 편하지만 오늘따라 더 후줄근해 보이는 운동화가 자꾸만 눈에 거슬렸다. 얼마 전 새로 산 구두가 떠올랐다. '그 구두 신을 걸 그랬나.'

지하철에서도 가방을 안고 오른쪽 끝자리에 앉아 있는 내 옆으로 자꾸만 커플들이 앉는다. 한 자리를 두고 서로 앉으라는 그들을 보고 있자니 차라리 내가 일어서서 다른 칸으로 가고 싶어졌다. 내가 먼저 앉아있었건만 그들을 함께 앉지 못하게 방해하는 존재처럼 느껴졌다.

'나도 그때는 저랬었나.'

한 계절이 채 지나기도 전이었는데 기억이 나지 않는다. 까마득한 옛날, 나에게 존재하지 않았던 시간인 것만 같다. '예쁜 옷을 입으면 뭐하나. 만날 사람도 없는데. 멋진 구두를 신어도 갈 곳이 없잖아.'

누구의 눈에도 띄지 않을 것 같은 옷차림, 낡은 운동화에 애써 불편한 마음을 감추고 있었다. 나에겐 아무 일도 일어나지 않을 것 같았다. 이렇게 죽은 듯이 일하다가 부모님이 계신 집에 숨어 있다가 다시 죽은 듯 살아가는 삶. 예쁜 옷을 입고 새로 산 구두를 신고 나설 일은 없을 것 같았다.

그로부터 얼마 전 회사 점심시간, 맛있는 것을 먹자며 여직원 몇몇이 함께 택시를 탔다. 얼떨결에 나까지 4명이 작은 택시를 꽉 채웠다. 그중 가장 어린 비서팀의 여직원이 택시기사 옆자리에서 고개를 돌리고 나에게 묻는다.

"언니, 스물아홉이 되면 기분이 어때요? 몇 달 있으면 서른 살인데, 끔찍하지 않아요?"

왜 내가 갑자기 그녀의 언니가 되었는지는 모르겠다. 좁은 차 안에서 짐짝처럼 끼어 앉아 어리둥절한 사이 택시기사도 룸미러로 돌아보며 거든다.

"아가씨, 스물아홉이야? 근데 아직 결혼 못 했어? 서른 넘으면 어쩌려고 그래."

룸미러에 비친 나는 한가운데 자리에 불쑥 튀어나온 잘못 박힌 못처럼 보였다. 달리는 택시에서 문을 열고 뛰어내리고 싶었다.

머리를 흔들며 눈을 뜨고 고개를 들자 다시 버스 안이다. 창밖으로 익숙한 동네가 보인다. '우리 집이다'라고 생각하는 순간 나는 정말 울고 싶어졌다. 버스에서 내리자 따뜻한 봄날이다. 터미널에서 집까지는 10분 정도 걸어야 한다.

심호흡하자 꽃내음이 느껴진다. 걸음에 맞춰 들이쉬고 내쉬는 호흡에 집중하자 시원한 공기에서 달콤한 맛도 난다. 익숙한 아파트 단지에 들어선다. 101동과 103동 사이에 드리운 그림자 안에 들어서자 순간적으로 어둡고 차갑다. 몇 걸음 앞은 다시 밝고 따뜻한 햇볕이 비치고 있다.

순간적으로 심장이 요동쳤다. 갑자기 가슴이 저린 느낌에 놀라서 손을 얹자 내 안에 너무나도 또렷한 목소리가 들려왔다. 10년이 지난 지금까지도 생생한 음성이다.

"어둠과 빛은 여기서 나뉜다. 딱 한 걸음만 내디디면 된다."

그때까지 한 번도 경험해 본 적 없었지만, 그것이 내 안의 진짜 내가 들려주는 목소리임을 알 수 있었다. 내가 한 발짝을 남겨두고 어둠 속으로 뒷걸음치려 하자 마지막 순간에 나에게 들려온 것이다. 까칠한

맨얼굴 위로, 낡은 운동화 위로 눈물이 흘렀다.

말에는 힘이 있다. 때로는 간결한 한마디가 마음을 움직인다. 간결하고 확신 있는 말에는 힘이 있다. 주문처럼 반복해서 주절거린다고 힘이 생기는 것은 아니다. 아무리 긍정적인 문구라도 상황에 대한 제대로 된 이해 없이는 독이 된다.

예를 들어, 상대방이 '난 사랑 받지 못하나 봐', '난 사랑스럽지 않아'라며 도돌이표를 오가고 있다고 치자. 상대방이 얼마나 소중한 존재인지 100가지로 구구절절 설명해도 준비되지 못한 자는 고개만 저을 뿐이다. '나는 그런 사람이 아니에요'라며 고개를 흔드는 사이에 오히려 부정을 확인시키고 강화할 뿐이다.

나도 한때는 스스로를 껴안고 토닥토닥 하는 것만이 나를 위하는 것이라 여겼다. 흔히 들었던 것처럼 '괜찮다, 괜찮다, 다 괜찮다'며 입으로만 반복하고 있었다. 사실 뭐가 괜찮다는 건지 감도 잡히지 않았다.

'한 걸음만 내디디면 된다'는 내 마음의 소리를 들은 후 모든 것이 분명해졌다. 수시로 떠오르는 내 삶의 의문에 대답할 말이 생긴 것이다. 딱 한마디면 충분했다.

"그게 뭐?"
지금 당신이 가장 두려워하는 혹은 알 수 없어 혼란스럽던 것을 적어보자. 그리고 그것을 향해 외쳐보자. '그게 뭐?'라고. 말 그대로 그것은 적혀있는 글자일 뿐 아무것도 아님을 깨닫게 될 것이다. 내가 정말 행복할 때를 떠올려 보자. 너무나도 기분이 좋아서 날아갈 듯한 순간. 누군가 나에게 이야기한다. "네 얼굴은 별로 안 행복해 보이는데?" 그런 때 할 수 있는 한마디가 바로 이것이다. "그게 뭐?" 진짜 괜찮을 때 할 수 있는 아주 짧은 한마디. 내가 이렇게 행복한데 얼굴이 남의 눈에 행복해 보이지 않으면 또 어떤가. 그래서 앞으로는 이렇게 확신에 찬 대답을 평소의 나에게 해주는 것이다.

가장 행복한 내가 거리낌 없이 할 수 있는 말을 나에게 미리 해준다. 최고로 행복한 내가 '괜찮다' 정도에 그칠 리가 없다. 누가 뭐래도 '그게 뭐?'라고 확신에 찬 나를 미리 선포한다. 내가 나에게 온전히 확신을 챙겨주는 것이다. 그것이 나에게 미래를 미리 보며 행복을 선택할 기회를 열어준다. '그게 뭐?'라고 하는 순간 아무것도 문제 될 것이 없다. 내가 원하는 것에만 집중할 수 있는 최고의 기회를 매일의 나에게 선물해보자.

내가 어둠을 전부라 여기고 그 안에만 머무르면 내 눈은 점점 어둠에 익숙해진다. 빛을 보는 것이 두렵고 고통스러운 단계에 이를 수도 있다. 나는 그때까지 한동안 아침에 눈을 뜨는 것이 끔찍했다. 내일은 더 이상 눈을 뜨지 않게 되면 좋겠다는 마음을 품고 다녔다. 예상과 달리 내 안의 진짜 나는 '눈을 감지 말라'고 애원하지 않았다. 대신 한 걸음만 나가면 빛이 있음을 보여주었다. 그러자 과거와 현재 상황에 '그게 뭐?'라고 반문할 수 있게 되었다.

나는 나의 한마디로 구원받았다. 자신이 무너지고 있을 때 헤매고 있을 때 딱 한마디만 해주어도 방향은 바뀐다. 포기하고 싶을 때, 내가 스스로 한마디만 해주어도 분위기는 완전히 달라질 수 있다. 지금이 아니면 안 되는 한마디, 딱 한마디면 충분하다. 이제 한 걸음만 내디디면 찬란한 빛 가운데로 걷는다.

넷

누구도 나를 대신 지켜주지 못한다

얼마 전 TV에서 본 가칭 '스타벅스 할머니'의 사연은 충격적이었다. 큰 건물 입구에서 노숙하며 자신이 건물주라 이야기하고 사찰 앞에서 노래를 부르며 구걸을 하면서도 그 사찰의 주인이라 주장하고 있었다. 공중 화장실에서 샤워하고 밑창이 떨어진 신발을 청테이프로 칭칭 감아 신는다. 구걸한 돈으로는 스타벅스에서 음료 한 잔을 주문하고 영자 신문을 소리 내어 읽으며 남은 하루를 버틴다. 예상대로 할머니는 건물주도 아니고 사찰은 예전에 임시로 머물던 곳이었는데 안에서 소란을 피워 쫓겨난 상태였다.

다음 날도 여전히 사찰 앞에서 구걸하던 할머니는 과거를 묻는 방송 제작진의 질문을 피하며 큰소리로 노래를 부른다. 예상 외로 맑은 목소리다. 타고난 고른 치아도 눈길을 끈다. 제작진이 목소리를 칭찬하며 다시 접근하자 기분이 좋아진 할머니는 자신이 유명한 CM송의 주인공이라며 비밀을 알려주는 것처럼 이야기한다. 그 노래의 주인공은 대한민국 국민이라면 다 아는 유명 연예인이다. 방송은 할머니의 현재로 시작해 과거를 찾아가고 있었다.

할머니는 아무런 연고가 없었다. 결혼한 적도 없고 부모 형제도 없다. 간신히 알아낸 것은 졸업한 고등학교의 이름뿐. 다행히 졸업 앨범 속 여고생인 할머니가 있었다. 누가 봐도 한눈에 알아볼 수 있을 정도로 똑같았다. 수소문 끝에 당시 한 반에서 가장 친했던 친구를 찾아냈다.

친구는 할머니를 '공부 잘하고 당차고 리더십이 있는 친구'로 기억하고 있었다. 친구들 사이에서도 인기가 좋았다고 했다. 행색이 깔끔해서 집이 잘산다는 소문만 무성할 뿐, 정작 할머니의 집에 가본 친구는 자신이 유일하다고 했다.

친구가 찾아간 집에서 할머니는 낡고 지저분한 집안에서 살림을 도맡아 하며 의붓동생들을 돌보느라 잠시 이야기를 나눌 새도 없을 정도였다. 아버지가 없는 집에서 새어머니와 의붓동생들의 눈치를 보며 하루하루를 버티고 있었다.

학교에서는 할머니가 당연히 대학에 갈 것이라 믿고 있었지만, 할머니는 모두의 눈을 피해 멀리 떨어진 낯선 지역의 공장으로 가야 했다. 대학은커녕 고등학교를 졸업한 할머니를 돌봐줄 사람은 아무도 없었다. 그렇게 학교 친구들과도 인연을 끊고 지내온 세월, 할머니는 무슨 생각을 하며 어떤 것들을 보고 느꼈을 것인가.

학교에서 자신의 모습은 자신감 넘치고 리더십이 있는, 곧 대학생이 될 꿈 많은 여고생이었다. 실상은 눈칫밥을 얻어먹고, 내 한 몸 누일 곳을 찾아 헤매야 할 판이다. 처음에는 그 둘 사이에서 아슬아슬한 줄타기를 하며 버텨나갔을 것이다. 언젠가 꿈꾸던 일들이 정말로 일어날 것이라 믿으면서.

시간은 흐르고 꿈은 점점 아득해진다. 꿈과 현실, 양쪽을 잡고 있기에 버거워진 할머니는 한쪽 손을 놓기로 했다. 할머니는 꿈속에 머물기로 선택했다. 그리고 그 꿈속을 헤매며 지난 30년간 구걸과 노숙으로 삶을 이어온 것이다.

자존감의 기초가 되는 어린 시절을 놓쳐버리고 스스로에 대한 믿음 대신 꾸며낸 모습으로 살아야 했던 할머니. 아무도 그녀를 지켜주지 못했다. 현실로 뻗어있던 한쪽 손을 놓아버릴 때도 오직 그녀 혼자였다. 노숙을 하고 구걸을 하는 지금도 돌아오지 못하는 그녀를 아무도 대신해서 지켜주지 못한다.

제작진은 할머니와 친구의 만남을 주선했다. 다행히 친구의 얼굴을 알아본 할머니. 하지만 알 수 없는 이야기만 늘어놓는다. 방송 말미에 할머니는 "평생 후회되는 것이 있다면 단 하나, 사랑을 해보지 못한 것"이라며 돌아섰다. 자신의 온전한 모습을 경험해보지도 못했으니 제대로 된 인간관계가 있었을 리 만무하다. 그렇게 할머니의 쓸쓸한 뒷모습은 아직도 마음 깊이 남아있다.

자신을 지켜내지 못하고 머나먼 꿈속으로 떠나보낸 할머니. 초라

하고 보잘것없어 보이더라도 현실을 직시했다면 어땠을까. 꿈처럼 한 번에 모든 것을 가질 수는 없어도 작은 것부터라도 하나씩 하나씩 내 것이 되는 경험을 해 보았다면? 적어도 스스로를 지켜내고 그 가운데 소소한 행복과 사랑이 찾아올 수도 있었을 것이다.

나를 지킬 수 있는 건 나 자신뿐이다. 누구도 나를 대신하여 현실의 끈을 잡아줄 수는 없다. 꿈속을 택하는 것도, 현실의 손을 놓아버리는 것도 나 자신이다.

내가 나를 지켜야 할 또 다른 상황은 공격으로부터의 방어다. 여러 가지가 있겠지만, 관계에 있어 공격은 내가 자신의 존재 가치를 의심하게 하는, 의식에 혼란을 주는 형태라 하겠다. 예를 들어 사랑이라는 이름으로 상대를 포로로 삼아 자신이 원하는 방향으로 조종하는 경우가 이에 해당한다. 언뜻 보기에는 '사랑하는 사이니까' 용납이 된다고 하지만 자세히 들여다보면 어느 한쪽이 일방적으로 당하고 있는 모양새가 대부분이다. 요즘 사회적인 이슈가 되고 있는 데이트 폭력도 마찬가지다. 신체적인 위해를 가하는 것은 말할 것도 없고, 외부에 잘 드러나지 않는 언어폭력으로 한 사람의 정신을 피폐하게 만드는 경우도 허다하다.

'사랑해서 하는 말인데'라며 용납하기 힘든 이야기를 한다든가, 상대방의 의사결정을 무시하는 언행을 일삼는다. 주변에서 쉽게 목격하는 것 중에는 '네가 나 아니면 누굴 만나겠느냐, 너는 나 아니면 아무것도 아니다'라든가 '살 좀 빼라. 머리 길러라. 짧은 치마 입지 마라. 바지

입지 마라' 등도 있었다. 나도 예전에는 이 말들의 경계를 명확히 하기가 어려웠다. 어떻게 보면 정말 사랑하니까, 편하니까 할 수 있는 말이라고 믿은 것이다.

상대방의 존재 가치를 일방적으로 단정하거나, 선호와 취향을 존중하지 않는 말들은 모두가 일종의 폭력이다. 당하는 이는 미처 깨닫지도 못한 채 받아들이며 스스로를 세뇌한다. 훗날 일방적인 헤어짐을 당하고도 내가 머리를 기르지 않아서, 살을 더 빼지 못해서, 자기 관리를 못 해서 남자가 떠났다고 울고 있는 친구를 보면서 더욱 깊이 새겨졌다.

무엇이 공격인지부터 명확히 알고 나면 일단 공격을 받아들이지 않으면 된다. 거리를 두고 떨어져서 전체를 보고 내 것이 아님을 선포하고 받아들이지 않는다. 수차례 반복하는 동안 자연스럽게 거리를 유지하고 자신을 분리해낼 수 있다.

문제는 공격이 끊이지 않고 계속될 때, 나의 의지를 벗어나는 강한 공격일 때, 혼자 힘으로 이겨내기 어려울 때이다. 몇 번은 희망을 품고 열심히 이겨냈지만, 끝이 없는 것처럼 계속된다면 어느 순간 자포자기할 수도 있다. 때로는 너무나 큰 충격에 방어는커녕 완전히 쓰러져버릴 수도 있다. 혼자일 때는 이 모든 것들이 더 두렵고 버겁게 느껴지기 마련이다. 일단 응급 상황을 벗어났다면, 이후로는 근본적인 대비를 해야 할 차례다. '공격이 최선의 방어'라는 말이 있다. 그 자리에 머물러 있지 않고 적극적으로 나아가는 것이 더 강한 의미의 방어라는 뜻이다. 더 이상 그 자리에서 웅크리고 있지 않는다. 나는 언제든 공격해도 좋을 사람이 아니다. 내가 나의 방향을 정하고 달려나갈 때 공격은 더 이상 힘을 발휘하지 못한다. 처음엔 누군가 손을 잡고 함께 도망쳐 주었더라도 결국은 내 힘으로 달려나갈 수 있어야 한다. 예전의 그 자리에 나는 더 이상 없다.

내가 상처받았다는 것은 나 외에는 모른다. 설령 세심한 누군가가 알아차린다 해도 그뿐이다. 상처를 대신 받아줄 수 있는 것도 아니고 대신 치료해줄 수 있는 것도 아니다. 남이 살려줄 수 있는 것은 자존심뿐이다. 남으로 인해 세워지고 남에 의해 손상되는 것도 자존심이다. 자존감은 나에게 기초를 두기 때문에 내가 지키지 않으면 아무도 지켜주지 못한다.

나는 지금 내 마음의 손은 어디를 향해 뻗고 있는가. 도망치고 싶은 꿈속인가, 마주하고 헤쳐나갈 현실인가. 혹은 그 경계에서 망설이고 있지는 않은가. 나를 지키는 것은 현실을 직시하고 두 손으로 든든히 잡는 것부터 시작한다. 두 발을 딛고 선 나만이 나와 나의 자리를 지켜낼 수 있다.

말투만 바꿔도 자존감은 자라난다

대학 졸업 후 회사에 입사한 지 얼마 되지 않았을 때다. 휴대폰을 깜빡 잊고 나온 날이었다. 회사로 전화 한 통이 걸려왔다. 나는 직장에서의 친절한 말투와 목소리로 전화를 받았다. 소속과 이름을 말하자 귀에 익은 목소리가 들려왔다.

"여보세요? 최헌 씨 자리 아닌가요?"

엄마였다. 난 분명 또박또박 내 이름까지 말했는데 다른 이도 아니고 엄마가 내 목소리를 몰라보다니 이상했다.

"어머! 너 아닌 줄 알았다, 얘."

그날 저녁 집에 들어가자 한 말씀 하시는 엄마.

"엄마한테는 퉁명스럽게 툭툭 이야기하면서 회사에서는 완전 다른 사람이더구만!"

엄마에겐 적잖이 충격이었나 보다. 생각해 보니 그런 것도 같다. 나도 모르게 엄마에게 툴툴거리거나 귀찮다는 듯이 이야기한 적이 얼마나 많았던가. 돌아보니 정말 그랬다. 가장 가깝다는 이유로, 알아서 봐주시겠지 하는 짐작으로 나도 모르게 말을 내뱉곤 했던 것이다. 다시 덧붙이는 엄마의 한마디.

"집에서도 그러면 얼마나 좋아. 남한테만 잘하지 말고."

'남한테만 잘하지 말고' 가장 가까운 이들에게 마음을 담아 살갑게 이야기하면 얼마나 좋겠는가. 말투 하나로 한 사람을 전부 판단할 수는 없겠지만, 말투 하나로도 전혀 다른 사람으로 생각하는 것을 보면 말투는 단지 그 사람이 말하는 것 자체만은 아닌 것 같다.

우리가 어떤 이의 말하는 모습을 보면서 그에 대해 어떻게 생각하고 느끼는지를 돌아보면 바로 이해가 된다. 신입사원 시절, 밝고 큰 목소리로 또렷하게 이야기하는 나는 말투 그대로 긍정적이고 똑소리 나는 직원이라는 평을 받았다. 내가 뭐 대단하게 실적을 보였다거나 다른 이들과의 관계를 위해 별도의 노력을 한 것은 아니었다. 그저 만나면 반갑게 인사하고 밝게 또박또박 대답했을 뿐이다. 마찬가지로, 누군가가 목소리에 힘이 없고 무표정으로 일관한다면, 그가 보이는 다른 모습이나 업무 실적과 무관하게 그를 부정적이고 의욕 없는 이로 여기기에 십상이다. 나 또한 어느 정도 이러한 것을 염두에 두었던 셈이다. 이왕이면 다른 이들이 나를 긍정적인 이미지로 기억하기를 원했다.

그렇다면 다른 이가 아닌 자신에게는 어떤 말투로 이야기하고 있을까? 즉시 두 가지가 떠올랐다. 하나는 말투를 논하기는커녕, 제대로 이야기해 본 적도 없다는 것, 다른 하나는 대부분의 혼잣말조차 스스로를 탓하거나 다그치는 말투였다는 점이다. 혼자 있을 때 좀처럼 소리 내서 말하지 않는데도 혼잣말은 유독 부정적인 상황에서만 무장해제 된다. 예를 들면 이런 식이다.

'내가 그렇지 뭐, 내가 하는 일은 다 그래.'

'난 왜 이렇게 바보 같은지 몰라.'

'바보! 멍청이!'

'난 역시 안 되나 봐.'

'내 그럴 줄 알았지.'

반대로 이에 상응하도록 스스로를 칭찬하거나 위로하기 위해 소리 내어 이야기해 본 적은 없는 것 같았다. 이렇게 본다면 나는 나에게 매우 불친절하고 부정적이며 쉽게 포기하는 사람일 뿐이다. 누군가 '나는 혼잣말 안 하는데?'라고 반박해 봐도 크게 다르지 않다. 이미 머릿속에 이러한 생각이 떠올랐다면 밖으로 내뱉은 것과 마찬가지다. 남에게는 들리지 않아도 나 자신에게는 생각하는 즉시 전달되는 셈이다.

내가 나에 대해 하는 생각은 소리 내어 하는 말과 똑같은 영향력을 가진다. 오히려 차마 말로 내뱉지 못하는 것들조차 머릿속에서는 쉽게 떠오르니 더 큰 영향력이 있다고 할 수 있다. 다른 이들을 향한 말도 이와 같다. 입 밖으로 내지 않았다고 해도 이미 똑같다.

나는 나에게 무슨 말을 하는가. 다른 이들을 향해 무슨 말을 떠올리는가. 내가 나에 대해 떠올린 부정적인 생각만으로도 충분히 상처가 된다. 다른 이들을 향해 밖으로 내뱉지 못한 말도 내 안에서 나에게 상처를 준다. 대상이 다른 사람이라는 것은 내 마음에는 중요하지 않다. 내 마음에 어떠한 것을 품었는가에 따라 결정될 뿐이다.

나에 대해 아무리 좋은 생각과 말을 한다고 하더라도 다른 이들을 향해 증오와 오해로 가득한 생각을 떠올린다면 사실상 나에게 한 좋은 말들도 아무런 효과가 없는 셈이다. 다른 이를 향한 생각이 내 안의 것을 똑같이 갉아먹는다. 마찬가지로 예전의 나처럼 다른 이에게 아무리 친절한 말투와 웃음을 전한다고 해도 내가 나에게 냉담하고 비판적이라면 결국 나에게 남는 것은 둘 간의 부조화로 깊어진 자신에 대한 불신이다. 그리고 내 안의 내가 말할 것이다.

"나한테도 그러면 얼마나 좋아. 다른 사람한테만 잘하지 말고."

누군가는 쉽게 이야기한다. 무조건 자신에게 큰 소리로 긍정의 언어를 들려주라고. 날마다 정해진 문장을 붙여놓고 스스로에게 읽어주라고도 한다. 굉장히 좋은 방법이다. 스스로 말하며 자신의 귀로 듣게 하는 것은 눈으로만 읽는 것보다 몇 배의 효과가 있다. 하지만 얼마 지나지 않아 또다시 이야기한다. 매일 나에게 좋은 문장을 읽어주는데 언제까지 해야 하느냐고. 왜 아직도 변화가 없느냐고 말이다.

내 안에는 소리 없는 '마음의 말투'가 하나 더 존재한다. 겉으로 쓰여 있는 말만 앵무새처럼 반복하는 것은 아무 의미가 없다. 내가 말하고 들지만, 진정으로 내 것이 되지는 않는다. 귀로 듣는 것이 모두다 나에게 남지 않는 것도 그 때문이다. 그저 잘 들리는 소리다. '한 귀로 듣고 한 귀로 흘린다'고 하지 않는가. 반복하면 내용이 외워질 수는 있지만, 마음의 말투가 변하지 않는 이상 언제 효과가 나타날지는 아무도 모른다.

마음의 말투란 내 마음이 나에게 전하는 믿음과 확신이다. 내가 나를 완전히 믿지 못하면 밖에서 들리는 소리는 내 것이 되지 않는다. 100명의 학생이 한 강의실에서 수업을 들어도 결국 제대로 이해하고 자신의 것으로 만드는 학생은 극히 일부에 지나지 않는 것처럼 말이다. 내가 나에게 말하는 대로 이루어진다는 믿음, 그것이 나이기 때문에 가능하다는 확신이다.

나를 믿지 못하는 나에게 있는 그대로의 따뜻한 믿음을 보이자. 나의 믿음으로 마음이 힘을 얻으면 말투는 자연스럽게 달라진다. 자신에게 진정한 이야기가 전해질 때 내가 나에게 하는 모든 말이 힘을 얻고 그대로 이루어진다. 나의 말이 내 귀에 제대로 들리지 않았다면, 나에게 배신감을 느낀 자아가 등을 돌리고 웅크리고 있다면, 먼저 마음의 말투부터 바꿔보자. 믿음과 확신으로 가득 찬 말투에 내 안의 자아가 고개를 돌리고 나와 마주한다면, 이제부터가 시작이다.

상
처
를

극
복
하
면

자
존
감
이

된
다

대학교 때 스포츠 신문의 대학생 기자 활동을 하는데 거기에 반장 격인 남자 선배가 있었다. 3월이 되어 신입 기자를 선발한 후 본격적인 활동에 앞서 다 같이 엠티를 가게 되었다. 도착하여 서로 제대로 된 통성명도 하기도 전, 방에 다 같이 앉아 있는데 그가 갑자기 신입 중에서 누구는 예쁘고 누구는 몸매가 좋고 하는 이야기를 공공연하게 하는 것이다.

나는 보통 1, 2학년 때 시작하는 활동을 뒤늦게 알게 되어 4학년인데도 신입이었다. 그 선배도 4학년이었는데 군대를 다녀와 나보다 2살이 많았다. 대놓고 외모 이야기를 아무렇지 않게 하는데도 누구 하나 제지하는 사람도 없었다. 마치 왕처럼 옆에 수하를 거느리고 있는 게 좀 우스웠다. 신입이라는 이유로 일단 불편한 이야기는 애써 못 들은 척했다.

　이리저리 둘러보던 그가 나를 힐끗 보더니 "넌 도대체 몇 살이냐?" 물었다. "스물셋인데요" 하자 과장되게 놀란 표정을 지으면서 "스물셋이 여길 왜 와? 키는 또 왜 이렇게 커? 한 180㎝ 되냐?" 하는 것이었다. 모두가 나를 쳐다보기 시작하자 갑자기 민망해진 나는 "170㎝요" 하고 간신히 대답했다. "뭐야. 난 또 180㎝는 되는 줄 알았네." 과장된 큰 목소리로 주위를 둘러보는 그 능글맞은 눈길이란.

　공식 일정을 마치고 집에 일이 있다며 둘러대고 늦은 밤 황급히 집으로 향했다. 이제부터 술자리가 이어질 것이니 또 무슨 이야기를 듣게 될지 모른다는 두려움이 앞섰다. 아까의 민망함이 채 가시지 않은 것도 사실이다. 버스 안에서도 자꾸만 능글거리는 그 얼굴이 떠올라 양 볼이 화끈거렸다.

　안 그래도 초등학교 때 160㎝를 넘어가면서부터 엄마한테 '여자가 너무 크면 안 예뻐. 키 크면 조금만 살이 쪄도 남자 같아. 그만 커라' 하는 이야기를 지겹도록 들어왔다. 줄을 서서 키를 재던 고등학교 신체검사에서 어떻게든 작게 나오려고 목을 들이밀고 꾸부정하게 서왔던 지라 집에서는 꼭 169㎝라고 이야기하던 참이었다. 대학교에 들어가 병원에서 건강 검진을 받으며 평소처럼 서 있었더니 171㎝라고 했다.

　교회에서, 명절날 친척 모임에서, 목욕탕에서, 어딜 가나 한두 마디씩 들어야만 하는 이야기들. '버스 손잡이에 머리가 부딪쳐 아프겠다', '네가 친구들 중에 제일 크지 않느냐', '너보다 더 키 큰 남자 만나려면 만날 남자가 적겠다'는 등 가지가지였다. 어떻게 보면 이 말들 자체가 상처를 주는 것은 아니다. 지금은 이런 이야기를 들으면 더 재밌는 이야기로 받아치며 오히려 대화의 소재로 삼고 싶기까지 하다.

하지만 그때의 나는 달랐다. 스스로가 '키가 큰 것=여자답지 못한 것=예쁘지 않은 것=사랑받지 못함'이라는 공식을 반복하고 있었으니 '키가 크다'는 뉘앙스의 어떤 말이라도 '사랑받지 못함'으로 들리는 것이다. 누가 한마디만 해도 모든 이야기가 상처가 될 수밖에 없지 않았겠는가.

당시의 나는 키나 얼굴 이야기 대신, 제발 나의 이 똑똑한 머리와 말솜씨, 학교에서 상 받은 것에 대해 칭찬해 주기를 바라고 있었다. 그리고는 남보다 더 노력해서 얻어낸 성과물들을 왜 아무도 봐주지 않느냐며 세상 모두를 비난하고 있었다. '나는 사람들의 외모를 이야기하지 않는데, 사람들은 왜 나의 외모를 이야기하는가'에 대한 억울한 마음도 있었다.

당시 나는 나의 외모를 소재로 삼을까 봐 두려워 외모에 대한 이야기 자체가 나오는 것을 꺼렸다. 드러내 놓고 반감을 표현했다. '나는 사람들의 외모를 중요시하지 않는다'며 스스로를 포장하기도 했다.

엠티에서 돌아온 나는 나만의 방식으로 복수를 결심했다. '두고 봐라. 내가 제일 먼저 기사 쓰고 신문에 난다'고 한 것이다. 역시나 발로 뛰며 기사를 꾸준히 보내자 대학생 기자 중에 내 기사가 제일 먼저 신문에 실렸다. 유명 스포츠 신문의 '캠퍼스'란 에 내가 찍은 사진과 내 이름이 들어간 기사를 보며 나는 여학생 휴게실에서 혼자 크게 소리 내어 웃었다. 그 선배의 능글거리는 표정 같은 건 이미 지워지고 없었다.

기회는 연달아 찾아왔다. 프리랜서로 일하던 잡지사에서 한 달에 한 번 대학가를 다니면서 패셔니스타를 찾는 코너를 맡고 있었는데, 마침 우리 학교 차례가 되었다. 아쉽게도 시험 기간이라 평소 화려하던 친구들의 모습이 잘 보이지 않았다. 그 와중에 기자로서 예의를 차린다고 니트와 스커트로 차려입은 내 모습이 좋다며, 사진기자님이 나를 이달의 주인공으로 적극 추천했다. 나는 반짝거리는 잡지 속에서 시험 기간에도 자기관리를 소홀히 하지 않는 깔끔하고 세련된 이달의 패셔니스타가 되어 있었다.

전문가가 찍은 사진답게 평소보다 늘씬하게 더 잘 나온 잡지 사진을 들고 또 한 번 여학생 휴게실에서 더 크게 소리 내어 웃었다. 평소 다른 학교에 다니며 코너를 진행하면서도 나와는 거리가 먼 이야기라고 여겼던 탓에 더 기분이 좋았다.

사진 속의 나는 플랫 슈즈를 신고 있었다. 당시 10㎝ 가량의 통굽 신발이 유행이었는데 160㎝ 정도 되는 이들이 통굽 신발을 신고 있으면 플랫슈즈를 신고 있는 나와 키가 비슷했다. 나의 계산으로 볼 때, 그들은 상대적으로 다리에만 10㎝를 더한 셈이니 전체적인 비율로는 당연히 그쪽이 훨씬 멋져 보일 것 같았다. 그러니 키가 더 커도 플랫 슈즈를 신은 나는 키가 커서 오히려 더 불리하다고 여기기도 했다.

한참 동안 사진을 들여다보고 나자, 답은 아주 간단했다. 보기보다 불편한, 발바닥이 아파도 애써 참고 신었던 플랫 슈즈는 나와 멀어져갔다. 더 시원시원 길쭉하게 보여줄 하이힐이 좋아진 것이다. 세월이 흘러 평균 신장은 빠른 속도로 올라갔고, 이제 170㎝도 흔한 키가 되었다. 그래서 난 요즘 반올림까지 해서 173㎝라고 하고 다닌다. 사실 172㎝ 하고 얼마인데, 173이라는 느낌이 더 좋았다. 재미있는 것은 173㎝가 된 것이 서른 넘어서의 일이라는 사실이다. 서른 넘어서도 키가 크는 것인가? 그렇지는 않을 것이다. 20대 때보다 더 곧게 편 허리와 어깨, 높이 치켜든 턱 덕분이었다.

하이힐을 신은 나는 참 멋있다. 엄마는 내 키가 계속 자라는 것을 조마조마하게 여겼지만, 한편으로는 언제 어디서나 '멋있는' 사람이 되라고도 하셨다. 난 당시에는 그 의미를 몰랐다. 하이힐을 신어보고 비로소 그 의미를 알게 되었다. 내 키가 170㎝건 180㎝건 내가 원하는 것을 선택하고 그 선택에 자신감을 갖는 것이 바로 그 '멋있는' 것이었다.

'하이힐을 신지 않아도 있는 그대로의 내가 사랑스럽다'는 것은 어찌 보면 뻔한 결말이다. 나의 결론은 거기에 있지 않다. 오히려 그런 고정 관념에 사로잡혀서 신고 싶은 신발 하나 제대로 골라보지 못한 나에게 용기를 주어야 하는 쪽이다. 남에게 보이는 내 모습 때문에 플랫을 고르는 것이 아니라 나를 위한 하이힐을 거리낌 없이 신을 수 있는 것이 나에게는 더 중요하다. 그래서 나의 결론은 '하이힐을 마음대로 신을 수 있는 자유로움'이 곧 나를 사랑하는 것과 마찬가지라는 뜻이다.

누군가에게 사랑받기 위해 이런저런 조건을 달고 그에 맞추는 것을 하지 않기로 했다. 누군가 나를 좋아하든 아니든 나에게 가장 마음에 드는 내가 되기로 했다. 그러자 오히려 그런 나를 좋아하는 사람이 더 늘어났고, 나의 다양한 모습을 판단 없이 '너니까'라며 받아들여 주는 사람들이 생겨났다. 그들 사이에서 나는 점점 더 편안하게 내 모습을 보이고 내 모습 그대로 더 긍정적인 영향력을 끼치게 되었다.

반복되는 상처에 힘들었는가? 이제 상처를 딛고 일어설 시간이다. 상처는 하이힐처럼 나를 일으켜 세우고 내 머리를 들고 어깨와 등과 허리와 발끝까지 반듯하게 펴줄 것이므로.

일곱,

과거의 나는 지금의 내가 만들었다

나는 현재 자신의 분야에서 크게 성공한 이들의 이야기에 관심이 아주 많다. 그 안에는 그들의 깨달음과 본받을 만한 삶의 지혜가 가득하기 때문이다. 그래서 일부러 내용을 찾아보거나 직접 만나 이야기를 듣는 기회를 잡기도 한다. 이들의 이야기를 종합해 보면 몇 가지 공통점이 있다. 그중 크게 세 가지 정도만 추려보면 다음과 같다.

첫째, 큰 시련을 겪었다.

성공의 크기에 비례한다고 해도 과언이 아니었다. 주인공 자신이 큰 병을 앓았다거나 가족 또는 주변 환경에 따른 문제를 겪는다. 제대로 경험을 쌓기 전에 처음부터 일이 이상하리만큼 잘 된 것도 시련이었다. 갑작스러운 성공에 취해 운영의 방향을 잃고 빠르게 실패한 경우도 많았다.

둘째, 어떤 경우에도 포기하지 않았다.

성공한 이들이 모두 다 세상에 없는 것을 처음 발명하여 시작한 것은 아니었다. 비슷한 아이디어로 더 먼저 시작한 이들은 많았다. 하지만 성공자는 끝까지 살아남은 자다. 앞서 겪은 큰 시련에도 포기하지 않고 결국 이겨낸 자가 성공한 것이다.

셋째, 기회를 미리 준비하고 적극적으로 잡았다.

포기하지 않는 이들은 반드시 기회가 올 것으로 믿고 준비한다. 기회는 그냥 다가오지 않는다. 제한된 시간과 함께 온다. 미리 준비해두었다가 즉시 잡지 못하면 손쓸 새도 없이 순식간에 사라져버린다. 성공자는 이를 알고 만반의 준비를 하여 기회를 알아보는 즉시 누구보다 적극적으로 잡았다.

인터뷰의 끝에 이들은 말한다. 무엇보다 성공의 비결은 자신을 끝까지 믿는 데 있었다고. 남들이 자신의 꿈을 비난하고 깎아내리려 한 순간들을 포함해 어떤 경우에도 자신에 대한 믿음을 잃지 않았고, 자신의 성공을 의심하지 않았다고 말이다.

우리는 흔히 과거에 내가 이러저러한 노력을 했기 때문에 지금의 결과를 얻었다고 생각하고 말한다. 과거에 뜻하지 않은 어려움이 있었기 때문에 지금 내가 여전히 힘든 것이라 하기도 한다. 언뜻 들으면 맞는 말 같다. 하지만 다시 생각하면 이러한 생각이 나의 성장을 가로막는 큰 장벽이 된다.

왜냐하면, 우리는 상상으로 미래의 모습을 끌어들여 현재의 결정을 하기 때문이다. 일어나지 않은 일을 두려움으로 끌어당기면 미래의 우울한 모습을 가져다가 사용하게 된다. 마찬가지로 확신으로 밝은 미래를 상상하며 그것을 믿고 실행에 옮기면서 살 수도 있다. 다시 말해, 과거의 나는 미래의 나, 즉 지금의 나를 통해 만들어진 셈이다.

과거의 나는 단조롭게 반복되는 일상을 보며 '내 인생은 이렇게 아무 일도 일어나지 않고 별 볼일 없이 지나갈 것 같다'는 두려움에 시달린 적이 있다. 소위 잘나가는 이들은 날마다 새로운 기회가 온다고, 우연히 꼭 필요한 새로운 사람을 만난다고 아무렇지 않게 이야기하는 것이 아닌가. 나는 전혀 이해가 되지 않았다. '어떻게 그런 일이 일어나는 거지? 그들은 하나같이 다 우연이라고 하는데, 이런 우연은 왜 그들에게만 일어나는 걸까?' 아무리 생각해도 알 수 없었다.

지금의 나는 그 해답을 알고 있다. *비결은 자신의 미래에 대한 아주 단순한 '설정'의 차이였다.* '아무 일도 일어나지 않는 단조로운 미래'를 두려워했던 나는 자신의 미래 모습을 '그저 그렇게 살아가는 존재감 없는 나'로 설정한 것과도 같다. 그렇게 설정된 미래 모습을 바탕으로 '별일 없이 흘러가는 오늘'이라는 현재가 계속되는 것이다. 이런 오늘이 계속되면 결국 그런 미래로 갈 것이며, 역설적으로 그런 미래를 설정해 놓았기에 이런 하루를 보낼 수밖에 없는 셈이다.

앞서 살펴본 성공자들을 보아도 그렇고, 주변의 잘나가는 이들은 애초에 다른 설정을 했다. 현재 자신의 처지를 염려하는 대신 반드시 잘되는 미래에 초점을 두었다. 그런 설정에는 나에게 능력을 펼칠 기회가 따르고 나를 돕는 이들을 만나게 해주어야 한다. 그래서 그들은 마치 우연처럼 실행해야 할 기회를 만나고 만나야 하는 이들을 마주치게 된다.

설정은 말 그대로 각자 다르게 하고 싶은 대로 할 수 있다. 그리고 설정된 것은 정상적인 시스템이라면 그대로 작동하여 정해진 결과를 내기 마련이다. 만약 다른 결과를 보고 싶으면 설정부터 달라야 한다. 변함없는 설정으로 다른 결과를 원하는 것은 시스템 오작동의 요행을 바라는 것과도 같다.

과거의 나를 이해하고 싶으면 지금 내 모습을 들여다보면 된다. 지금의 내 모습이 과거의 내가 알게 모르게 해둔 그 설정이기 때문이다. 시스템은 그대로 작동하였고, 결국 지금 내 모습이 과거의 나를 그런 상황에 처하도록 만든 것이다.

다행히도 설정은 얼마든지 바꿀 수 있다. 처음의 설정이 끝까지 가야 하는 것이 아니다. 지금의 내가 과거의 설정을 바꾸게 한 셈이다. 덕분에 과거의 한 시점부터 아무 일도 일어나지 않을 것 같은 지루함 대신 내 자아의 진정한 모습을 알아보기 시작한 것이다. 그러한 과정에서의 깨달음이 지금 내 책의 주제가 되고 있지 않은가? 나는 나의 경험과 깨달음, 노하우를 나누는 메신저이자 작가인 지금을 위해 과거의 내가 다른 설정을 하고 이전과 다른 일들을 겪도록 한 셈이다.

마찬가지로 지금 작은 자아와 낮은 자존감으로 어려움을 겪고 있다 해도 그 자체에만 파고들어 스스로를 괴롭힐 필요는 없다. 이 또한 미래의 나에게 필요한 과정일 뿐이다. 분명 이를 통해 얻어야 하는 깨달음이 있기 때문이다.

집 안, 내 방 침대에 누워있는 것으로는 아무 일도 일어나지 않는다. 아무것도 달라질 이유가 없다. 변화는 아주 작은 것이라도 지금의 환경을 벗어나는 것에서 시작한다. 그래서 내가 이전과 다른 환경에 처한다고 해도 놀라거나 두려워할 필요는 없다. 나에게는 지금은 알 수 없는 어떤 변화가 시작되는 것뿐이기 때문이다. 그리고 이것이 이루어졌을 때 모든 것은 완전한 그림으로 깨닫게 된다.

중요한 것은 내가 원하는 내 모습을 설정하고, 그 모습이 되기까지 나 자신을 믿고 끝까지 포기하지 않는 것뿐이다. 과거의 내가 이런 것들을 모르고 불안 속에서 의심하며 지내온 날들에 비하면, 미래의 내 모습을 설정할 수 있는 지금의 나는 더 이상 두렵지 않다. 오늘 예기치 않은 어려움이 생겨도 해피엔딩을 설정한 이상 충분히 겪어낼 용기가 생긴다. 과정일 뿐이라는 것을 알기 때문이다. 내 자아는 미래의 나로부터 힌트를 얻어 스스로를 더 크고 강하게 키워나갈 든든한 용기를 갖게 된다.

마지막으로, 각각의 설정에는 그에 상응하는 시간이 필요하다. 두 명이 언뜻 보기에 비슷한 설정을 했다고 해서 이루어지는 시간까지 같지는 않다. 누군가는 더 빨리, 누군가는 상대적으로 더 오랜 시간이 걸리기도 한다. 이유 없이 지체되거나 괜히 빨리 되는 것이 아니다. 다른 누구와의 비교 없이 자신만의 시간이 필요한 것이다. 이를 위해 포기하거나 중단하지 않고 기다리는 힘으로 완성된다.

　자존감을 회복하는 데는 표면적인 몇 가지 방법을 실천하는 것만으로는 충분하지 않다. 그보다는 그러한 방법의 바탕을 이루는 쉽지만 중요한 원리를 이해하는 것이 훨씬 큰 성장의 기회를 준다. 중요한 것은 미래의 해피엔딩에 속해 있는 자신을 믿고 지금의 기회를 받아들이는 것이다. 그저 받아들이기만 해도, 단순한 것에서부터 변화는 시작된다. 이제는 약간의 시간이 필요할 뿐이다. 나만의 시간이 있음을 알고 모든 과정을 즐길 때, 누구도 방해할 수 없는 나만의 해피엔딩을 맛보게 된다.

나에게는
해피엔딩이 있다

　자존감 회복은 당장 표면적인 몇 가지 방법을 실천하는 것이 전부가 아니다. 지금 단계에서는 그러한 방법의 뼈대가 되는 기본 원리를 이해하는 것이 더 큰 성장의 기회가 된다. 기본 중의 기본은 '자존감의 회복이 현재의 나와 본질적인 존재의 나의 일치'라는 의미를 이해하는 것이다. 현재의 내가 내 존재를 객관적으로 보고 둘 사이의 거리감을 파악하는 것이 시작점이 된다. 이러한 거리를 확인하고 인정해야 그러한 거리감의 진짜 이유를 알아볼 수 있기 때문이다. 이유를 알게 되면 다음은 이를 좁혀나가는 것이다. 이때 구체적인 실행 방법을 명확히 하고 나서 이를 실천하기만 하면 된다.

　막연히 '좋다더라, 좋겠지'라는 식으로 시작한 방법은 얼마 지나지 않아 자신을 쉽게 지치고 포기하게 한다. 처음엔 의지로 '하면 된다'라고 시작했지만 얼마 지나지 않아 바로 결과가 눈에 보이지 않으면 '하면 될까?'하는 의심부터 들기 마련이다. 의심과 싸워 이기는 의지는 흔치 않다. 의심하는 순간 의지는 산산조각이 나고 처음만큼의 힘을 발휘하지 못하기 때문이다.

의심은 상상의 영역이다. 그에 반해 의지는 현실의 영역이다. 어떤 경우에도 상상이 현실을 이기기 마련이다. 현실은 쉽게 한계에 부딪히지만, 상상은 한계가 없지 않은가. 그래서 긍정이든 부정이든 상상하는 순간 그것이 한계를 뛰어넘는 강력한 힘을 발휘하게 된다.

그렇다면 우리도 한계 없는 상상의 힘을 이용해 보자. 본래의 완전한 자아를 회복한 나, 미래의 해피엔딩에 속해 있는 자신을 상상하면 된다. 미래의 완전한 나를 믿고 지금의 기회를 의심 없이 받아들이는 것이다. 내가 나를 믿기 시작하면 내 마음이 힘을 얻는다. 마음이 힘을 얻으면 나를 향한 언어와 말투는 자연스럽게 달라진다. 자신에게 진정한 이야기가 전해질 때 내가 나에게 하는 모든 말이 힘을 얻고 그대로 이루어간다. 해피엔딩을 받아들이면 모든 순간은 이미 정해진 결말로 가는 과정이 된다. 약간의 시간만 걸릴 뿐이다.

나를 존중하며 품위를 지키기

생각의 감옥을 벗어난다

상대방의 기분은 내 탓이 아니다

제대로 받을 줄도 알아야 한다

불편함도 받아들이면 편해진다

실수는 실패가 아니다

관계에도 다이어트가 필요하다

친근하되 적당한 거리 두기

3장

자존감이 가르쳐 주는 사람들 사이에서 편안해지는 법

나를 존중하며 품위를 지키기

혼히 관계는 노력하는 것이라고 하지만 역설적이게도 '관계'를 위해 노력하면 할수록 '나'를 잃어버리기도 쉬워진다. 관계를 위한 노력은 알고 보면 어느 한쪽의 일방적인 희생이나 인내에 그치는 경우가 허다하기 때문이다. 결과적으로 관계를 위해 더 노력한 쪽이 오히려 마음의 상처가 더 크고 깊은 경우도 많다.

관계를 위한 노력은 의미가 없는 것일까? 물론 그렇지는 않다. 양쪽이 모두 노력할 의사가 분명하고 서로 합의된 부분에서 힘을 합하면 빠르게 회복하고 건강하게 성장하는 것은 당연하다. 관계를 위한 노력은 사실 노력에 앞선 사전 준비 그 자체가 관건이다.

관계 회복을 위한 솔루션을 제시하는 방송이나 기사를 보아도 가장 중요한 것은 관계 당사자 모두의 사전 합의 아니던가. 여기까지만 무사히 진행된다면 이후로는 개인차는 있더라도 회복을 이루게 된다는 결론으로 일치한다. 방송에서 가장 흥미로운 부분도 극단적인 갈등으로 치닫다가 합의에 이르는 과정까지이다.

이처럼 극단적인 갈등에서 합의로 전환할 수 있는 계기는 무엇인가? 관계 회복 내지는 건강한 관계 유지를 위한 열쇠를 찾을 수 있을 터이다. 그것은 다름 아닌 자기 스스로에 대한 용납과 용서였다. 서로가 서로를 향해 가시를 세우고 거친 말들을 쏟아내지만, 그 배경에는 어려서부터 반복된 경험에서 비롯된 자신의 나약함, 두려움, 불안감을 상대에게 투영한 것에 불과했다.

실마리는 각자 스스로를 제대로 바라보는 데 있었다. 상대방에게 상처받았다는 사실에만 집중했지 내가 나에게 준 상처에 대해서는 미처 알지 못했다. 둘이서 이야기를 할 때는 몰랐지만 제 3자의 중재를 통해 서로의 이야기를 가감 없이 처음부터 끝까지 들어보니 서로 다른 이야기를 하고 있었던 것 같은 퍼즐의 조각조각이 맞춰지고 있었다.

반쪽짜리였던 자신의 모습이 온전히 채워지고 나서야 제대로 된 대화가 시작된다. 비록 상처투성이라 할지라도 하나의 나로 존재할 수 있게 된 것이다. 자신의 모습을 온전히 이해하기 시작하면서 관계에도 제대로 된 관심을 갖게 된다. 내가 온전하지 못한 상태에서는 반쪽짜리 관계, 목표점 없이 헛스윙만 날리는 관계, 이야기를 할수록 싸움이 될 뿐이다.

알고 보니, 관계를 위한 노력이라는 것은 사실 없는 것과 마찬가지다. 나 자신이 온전하고 건강할 때 관계는 별다른 노력 없이도 올바르게 유지되고 성장할 수 있다. 속도는 중요치 않다. 어제보다 나아졌는지, 혹은 행복한 어제와 같은 오늘이라도 좋은 것이다.

나 자신이 온전하고 건강하다는 의미는 무엇일까?

첫째는 부족함이 없다.

다른 이에게 의존하지 않아도 내 존재 하나만으로도 충분하다. 혼자로도 충분히 완성된 존재라는 것을 알고 그대로 받아들일 수 있는 것을 포함한다. 그럴 때 나와 상대방에 대한 헛된 기대 대신 서로의 존재를 있는 그대로 인정하는 진짜 기대가 생긴다.

둘째는 질병을 이겨낼 힘이 있다.

건강은 털끝 하나 다치지 않는 것이 아니다. 다양한 상황 속에서 몸과 마음의 소소한 질병이나 상처를 겪어낼 능력이 있다는 뜻에 가깝다. 무균실 침대에서 건강을 논할 수는 없다. 그런 의미에서 건강은 '면역력'이다. 주위 환경과 관계없이 자신을 지켜내는 힘이다.

셋째는 활동하기에 충분한 자유로움이 있다.

특별한 병이 없어도 기력이 부족하여 조심조심 누워만 있어야 하는 상태는 건강이 아니다. 뜻한 바대로 원하는 때에 얼마든지 움직일 수 있어야 건강하다고 할 수 있다. 신체적인 능력에만 해당하는 것이 아니다. 마음의 상태 또한 다르지 않다. 홀로 있던 집안을 벗어나면 언제까지나 좋은 음악, 부드러운 소리만 듣고 살 수는 없다. 거슬리는 소음이나 듣기 싫은 목소리도 어쩔 수 없이 들려오기 마련이다. 이런 때에도 내 마음이 그런 것들에 휩쓸리지 않고 내가 원하는 대로 자유롭게 움직일 수 있다는 의미다.

이 모든 것을 한 단어로 표현한다면 바로 '자존감'이다. 자존감이란 단어는 그 안에 실행 방법까지 포함하고 있어 매우 쓰임새 있는 단어다. '자신의 품위를 스스로 지킨다'는 의미이기 때문이다. 한 단어 안에 모든 비결이 들어있는 셈이다. 자신의 자존감이야말로 나 하나로 부족함이 없으며 품격 있는 존재임을 증명하는 것이다. 스스로 지킨다는 것은 무엇이겠는가. 상처가 없는 것이 중요한 것이 아니라 상처가 생겨도 충분히 이겨낼 수 있으며, 수동적인 방어에 그치지 않고 적극적으로 움직이고 부딪히면서 성장할 수 있다는 의미다.

나에게는 취향 분명한 친구 J와 아무거나 좋다는 친구 H가 있다. 친구 중에서도 자신의 취향이 분명한 이에게는 반드시 의견을 구하지만, 이래도 좋고 저래도 좋고 '마음대로 해'라며 항상 결정을 미루는 친구에게는 결국 아무것도 기대하지 않는다. 때로는 그러면 안 된다고 생각은 하면서도 '걔는 분명히 아무거나 좋다고 할 텐데 뭐'라고 하며 은근슬쩍 선택에서 배제하는 경우도 생긴다. 스스로를 소중히 하는 사람을 함부로 하기는 어렵다, 겉으로 보이는 조건과 관계없이 자신을 소중히 여긴다면 다른 이들에게도 그것은 지켜줘야 할 것으로 보이게 된다.

한편, 겉모습은 아무 상관 없다며 허름하고 초췌한 모습을 들이밀며 이 모습을 그대로 사랑하라고 강요하는 경우도 있다. 물론, 외모에 따라서 사랑하고 사랑하지 않는 것은 아니다.

그러나 태도나 기본적인 예의는 누구나 충분히 갖출 수 있다.

얼마든지 자세를 바로 하여 반듯하게 설 수 있으면서 일부러 허리를 굽히고 힘없이 늘어진 팔다리로 다니면서 이게 내 모습이니 이 모습을 사랑해달라고 하는 것은 허세고 억지에 불과하다. 내가 나를 존중하여 깨끗한 옷을 입고 몸을 씻는 것이지 남에게 보이기 위한 게 아니라면서 일부러 지저분하게 하고 다닐 필요가 없는 것처럼 말이다.

내가 나를 존중하고 품위를 지키는 것이 관계를 위한 최선의 노력이다. 제대로 알지 못하면서 존중한다는 것은 거짓말이다. 나도 남도 존중하려면 제대로 아는 것부터가 시작이다. 제대로 아는 것에는 편견 없이 더하거나 덜함 없이 있는 그대로를 받아들이는 것을 전제로 한다. 내가 나부터 있는 그대로 받아들여 존중할 때 다른 이들과의 관계 속에서도 반쪽이 아닌 온전한 모습으로 존재할 수 있게 된다.

흔히 '나의 반쪽'을 찾는다고 한다. 하지만 그건 둘과의 관계에서 비유적인 표현일 뿐이다. 관계 속에서 나는 반쪽이 되어서는 안 된다. 반쪽짜리로는 반쪽자리 관계밖에 되지 않는다. 내가 크건 작건 스스로 온전한 모습을 갖추고 지킬 때 온전한 다른 이들을 알아보고 함께 건강한 관계를 시작하게 되는 것이다. 사람들 사이에서 자꾸만 나의 부족함이 보인다면 그것은 나를 반쪽짜리로 보았기 때문이다.

나는 반쪽이 아니다. 부족하지 않다. 예상보다 조금 작을 수는 있지만 그건 모자람이 아니다. 그 자체로 이미 온전한 하나다. 다른 이들에게 끼워 맞출 필요 없는 스스로 완성된 퍼즐이 되어 그저 '나'로 존재하면 충분하다.

나 자신이 온전하고 건강할 때 관계도 성장한다.
온전하고 건강함이란?

1. 다른 이에게 의존하지 않아도 내 존재만으로 충분하다.
2. 주위 환경과 관계없이 자신을 지켜내고 질병을 이겨낸다.
3. 내 마음이 원하는 때에 자유롭게 움직일 수 있다.

이것이 바로 자존감이며 내 안에 이미 가지고 있는 완전한 나의 모습이다.

생각의 감옥을 벗어난다

애니메이션 영화 '프린스 앤 프린세스'는 내가 평생에 손꼽는 명작 중의 명작이다. 흔치 않은 프랑스 애니메이션 작품인 데다가, 그림자극이라는 차별성에 옴니버스 구성이라는 독특함까지, 그야말로 취향 저격이다. 단편 하나하나의 기발한 이야기들은 상영시간 내내 감탄의 연속이다. 그중에서도 내가 가장 사랑하는 작품은 '마녀의 성'이다.

어느 나라에 마녀가 살고 있다고 소문난 성이 있었다. 아무도 들어가 본 적 없는 그 성은 그야말로 난공불락이었다. 왕은 그 성을 함락하는 청년에서 자신의 공주와 결혼을 시키겠다고 공표했다. 여러 나라의 왕자들이 자신만의 무기로 마녀의 성을 공격한다. 큰 말뚝부터 포탄, 높은 사다리까지 총동원하지만, 어느 것도 마녀의 성을 함락시키지 못했다.

이때 한 청년이 나타나 자신이 성안으로 들어가 보겠다고 장담한다. 군대를 거느린 왕자들은 홀로 나타난 그를 비웃으며 어디 한번 해 보라고 한다. 청년은 모두의 비웃음을 뒤로한 채 마녀의 성안으로 유유히 들어갔다. 과연 어떻게 된 일일까? 당신이라면 어떻게 했을 것인가?

정답은 다름 아닌 '성문에 노크하고 허락을 구하는 것'이었다.

"똑똑! 들어가도 될까요?"

노크하고 허락을 구한 청년에게 마녀는 다른 이웃들과 마찬가지로 문을 열어 주었다. 충격적이지 않은가? 이때까지 정식으로 허락을 구하고 문을 두드린 이가 하나도 없었다. 청년이 만난 마녀는 정말 사람들의 상상처럼 무시무시한 괴물이었을까? 전혀 그렇지 않았다. 이유도 없는 갑작스러운 공격에 자신의 성을 지켜냈을 뿐, 아름답고 매력적인 여자였다. 함께 이야기를 나누며 청년과 마녀는 가까워지게 되었고, 왕이 보낸 사람들이 공주와 결혼시키겠다며 청년을 데리러 오지만 그는 모두를 거절하고 마녀의 성에 남게 된다.

나는 10분도 채 되지 않는 이 이야기에 완전히 매료되었고 15년이 지난 지금까지도 생생하게 기억하고 있다. 몇몇 부분이 내 마음에 두고두고 남아, 때에 따라 새로운 이야기를 들려주기 때문이다.

청년을 제외한 모든 사람은 성안의 여자가 마녀라는 데 한 치의 의심도 하지 않는다. 아무도 그녀를 본 적도 없으면서 마녀로 단정 짓고는 그 성을 공격할 계획만을 세운다. 시작이 누구였든 머릿속에서 만들어낸 허상일 뿐이다. 실체를 확인할 용기는 내지 못한 채 누군가를 괴물로 만들어버리고 공격하거나 없앨 계획만을 세운다. 정작 필요한 것은 정중히 문을 두드리고 이야기를 나누는 것인데 말이다. 좁은 머릿속을 나와 관계의 문을 여는 것이다. 문을 열 수 있다면 그곳은 따스한 사랑의 집이다. 문을 열지 못하면 감옥과도 같다.

　내 생각은 소중한 아이디어의 근원이자 안식처가 될 수도 있고, 출구 없는 감옥이 될 수도 있다. 생각이 감옥이 된 적이 있는가? 나에게는 끝없는 불안으로 망상이 서로의 꼬리를 물고 있을 때 한 발짝도 벗어나지 못하는 한 평 감옥이 되어버리곤 했다.

　점심때 나의 문자에 이따 연락하겠다던 남자친구는 밤 10시가 넘어도 전화 한 통 없다. 나는 스스로 묻고 대답하는 꼬리 물기를 시작한다.

　'오늘 회식이 있다고 했던가? 아니다. 들은 적 없다. 만약에 말도 없이 회식을 간 거면 더 괘씸한 일이다. 그럼 야근을 하는 건가? 그래, 갑작스럽게 야근이 생겼나 보다. 그럼 저녁 먹을 때라도 연락을 해야 했던 것 아닌가? 그럼 어디서 뭘 하고 있는 거야. 또 시답잖은 친구들 만나서 술이나 마시고 있겠지. 분명히 잔뜩 취해서 전화고 뭐고 다 잊어버리고. 혼자 그러고 놀면 참 신나기도 하겠다. 이러고 또 내가 왜 전화 안 했느냐고 하면 분명히 배터리가 다 되었다고 하겠지. 휴대폰을 겉옷 주머니에 넣어놨다고 하던가. 이게 무슨 남자친구야. 아, 정말 싫다. 싫어. 지긋지긋해.'

　여기까지 이르자 바로 헤어지겠다고 할 작정으로 분노의 손길을 뻗어 남자친구에 전화를 걸었는데, 안 받는다. 분명 신호는 가는데 받지 않는다! 배터리가 다 된 것은 아니다. 그럼 둘 중 하나다. 나랑 있을 때는 휴대폰을 손에서 놓지 않는 그가 나만 없으면 휴대폰을 겉옷 주머니에 넣었거나, 전화가 오는 것을 뻔히 보면서도 받지 않거나. 어느 쪽이든 기분 나쁜 것만은 변함없다.

또다시 통화 시도! 또 신호가 간다. 아직도 배터리가 나가지 않았다. 차라리 배터리가 다 되었다면 더 나았을지도 모르겠다. 열 몇 번까지 신호음을 세고 있는데 전화를 받았다. 정확히 말하자면 전화가 연결되었다.

"여보세요!"

원래 전화 받는 이가 해야 할 말이지만 다급한 내 목소리와 달리 상대방은 대답이 없다. 대신 들려오는 한창 신난 노랫소리. 무슨 이유에선지는 모르겠지만, 전화가 잘못 받아진 모양이다. 누군가 끊는다는 게 통화버튼을 눌러버렸는지도 모른다. 멍하니 신나는 노랫소리를 들으며 눈물이 흐르고 전화를 끊고 배터리를 빼서 던져버린다. 차라리 내 배터리가 나가는 게 마음이 덜 아플 것만 같다.

베개에 얼굴을 묻고 꺼이꺼이 우는 소리는 점점 커져만 간다. 오밤중에 울고 있는 나는 마음이 아파 미치겠다. 옆집은 몇 주 전에도 똑같은 소리를 들었겠지만, 오늘만은 이해해 주길 바란다. '오늘이 우리의 마지막 날이다. 내일 아침에 내가 먼저 이별을 고하리라. 그동안 고마웠다고, 행복하게 잘 먹고 잘살라고 해 주마. 아니다. 그러기엔 이 나쁜 놈에게 너무 과분하다. 너 같은 놈은 그따위로 살다가 너랑 똑같은

사람 만나서 나처럼 당해봐라. 꼭 그래라. 제발 그랬으면 좋겠다.'

　이렇게 또 한 커플이 이별을 맞이했다. 얼마나 굉장한 일들이 있었기에 이렇게 순식간에 이별에 이른 건가? 한 번 더 보자. 다시 한 번 눈을 크게 뜨고 보자. 보이는가? 아무 일도 일어나지 않았다. 정말 아무 일도 일어나지 않았다. 심지어 전화가 연결되었지만, 통화도 하지 않았다. 모든 것은 나 혼자만의 생각이고 느낌이며 판단에 불과했다. 그것도 내가 임의로 조작한 근거에 따라서 말이다. 나는 확인된 바 없는 마녀의 성을 만들고 어떻게 하면 빌미를 만들어 공격할 것인가에만 몰두했다. 그 안에 마녀가 있는 것은 맞는지, 혹은 누군가 있는 것이 진짜인지조차도 모른다.

　갖가지 방법을 동원하고도 여전히 뜻대로 되지 않는다며 더 강하고 독한 방법을 쓰려고 한다. 그러면서 너무나도 쉬운 노크 한 번 제대로 해볼 생각은 못 하는 것이다. 왜 그런가? 이미 '마녀의 성'이라는 생각의 감옥에 갇혀 버렸기 때문이다. 자존감의 기초가 부실한 이들에게 관계는 부담이고 두려움이다. 그래서 차마 그 속으로 들어가 볼 생각은 못 하고 고작 떠올리는 것이라곤 빨리 해치우고 도망가고 차라리 없애버리는 길뿐이다.

　자존감이 회복되기 전까지는 모든 관계를 거부해야만 하는 것인가? 그렇지 않다. 그 또한 낮은 자존감이 불러온 수동적인 대응이다. 자존감이 낮다고 모든 관계를 시작조차 못 하는 것은 아니다. 오히려 자존감이 낮기 때문에 더욱 관계 속에서 차근차근 나와 다른 이들을 제대로 돌아볼 필요가 있다.

생각의 감옥을 벗어나라. 가장 좋은 방법은 꼬리를 물던 생각을 그저 멈추는 것이다. 내 배터리를 빼버리든, 밖으로 나가 운동장을 뛰든 일단 멈춘다. 이제부터는 어떤 경우에도 직접 노크하기 전까지는 '마녀의 성'이라 단정 짓지 않는 것부터 시작하면 된다. 힘을 주지 않은 손을 가볍게 들어 노크 한 번만 하는 것, 그 이상은 아무것도 할 필요가 없다. 무언가 더 하고 싶더라도 잠시만 그 자리에서 기다려 보자. 오래전부터 나를 기다리고 미소 짓고 있는 진짜 그 사람을 만나게 된다. 꼭 기억하자. 적어도 노크부터 하는 한 마녀는 만날 일이 없다.

Q. 무슨 일이 일어났는가?
A. (알고 보면) 아무 일도 일어나지 않았다.

Q. 그런데 왜 불안해하는가?
A. (잘은 모르지만) 나만의 생각이고 느낌이며 판단이다.

Q. 눈앞의 그 문을 열어 보았는가?
A. (확인된 바 없지만) 문밖의 마녀가 잠가 놓은 것 같다.

아무 일도 일어나지 않았고, 문은 처음부터 열려 있었다.
그냥 나가면 된다.

셋,

미국드라마 '모던 패밀리'는 9년째 홍행하고 있는 인기 시트콤이다. 나도 지난 9년간 빠짐없이 다양한 가족들의 이야기에 함께 울고 웃었다. 라섹 수술을 하고 24시간 동안 앞을 볼 수 없을 때도 어두컴컴한 방 안에서 온종일 이 드라마 소리를 들었다. 초반 1~4 시즌은 하도 반복해서 봤던 터라 소리만 들어도 모든 장면이 떠오를 정도였다. 전치 태반으로 제왕절개 출산 후 온몸에 줄을 주렁주렁 달고 꼼짝할 수 없는 병원 침상에서도 고통을 잊기 위해 몇 시간씩 이어폰을 꽂고 들을 정도였다.

나는 그중에서도 나이 많은 미국인 남편 '제이'와 콜롬비아 출신의 엄마 '글로리아', 아들 '매니' 가족을 가장 좋아한다. 글로리아가 전형적인 미국인이 아니면서 나에게 익숙한 한국 엄마의 느낌이 나기 때문

116

이다. 화려한 외모와 달리 소박하고 순수한 그녀의 매력은 에피소드마다 빛을 발한다.

한동안 나의 휴대폰 배경화면으로 지정해 놓았던 드라마 속 한 장면이 있다. 바로 '디즈니랜드' 편이다. 디즈니랜드에 놀러 간 가족들, 모두가 즐겁게 놀고 있는데 글로리아만 자꾸 이유도 없이 화를 낸다. 남편은 아내의 기분을 풀어주려 이것저것 하자고 하지만 그럴수록 더 기분이 오락가락하는 그녀다. 알고 보니 스타일을 위해 10대 때부터 한시도 포기할 수 없었던 10㎝ 굽의 아찔한 하이힐을 신고 온종일 넓고 넓은 디즈니랜드를 다니는 것이 너무 힘들었다.

눈치챈 남편 제이는 말없이 기념품 매장에서 푹신푹신한 보라색 슬리퍼를 사 와서는 선물이니 나를 위해 꼭 신어달라고 부탁한다. 남편의 권유에 못 이기는 척 신발을 바꿔 신은 글로리아는 세상에서 가장 행복한 여자가 되었다. 흐뭇해 하던 남편 제이는 순간 흠칫 놀라며 묻는다. 이 장면이 내가 휴대폰에 저장해 두었던 바로 그 장면이다.

"혹시 나와 만난 지난 몇 년간 나에게 이유 없이 짜증 냈던 게 하이힐 때문이었어?"

그렇다. 불편한 신발이 죄 없는 상대방에게 짜증으로 나타났던 것이다. 그 사람 때문이 아닌 것은 분명한데 불편한 신발을 신고 있다는 것을 모르게 하려고 억지로 참고 있다 보니 제대로 된 해명도 못 하고 상대방에게 안 좋은 기분만 전달된 것이다.

남편 제이의 입장에서 다시 보자. 모처럼 가족 모두 행복한 시간을 보내자고 큰 맘 먹고 디즈니랜드에 왔다. 아들은 물론이고 어린 시절 콜롬비아의 가난한 집안에서 자란 아내에게도 즐거운 추억이 되리라 기대에 부푼 남편이다. 그에 반해 아내는 갈수록 얼굴이 어두워진다. 더 재밌는 것들을 보여주어도 반응이 시큰둥하다. 내가 눈치채지 못하게 한다고 노력하는 것 같지만, 언뜻언뜻 짜증 섞인 말투가 나타난다.

'대체 왜 그러는 거지?' 알아보기로 한다. 다행히도 제이는 '내가 뭘 잘못했나? 나 때문인가?' 하며 위축되어 아내의 눈치만 보거나 '내가 이렇게 노력해서 디즈니랜드에 데려왔는데 뭐가 불만이냐'고 하지 않았다. 대신 상대방의 입장이 되어 기가 막히는 해결책을 발견해낸다. 누구도 민망할 필요 없는 현명한 방식으로 웃음을 되찾은 가족. 제이는 흔히 말하는 '역지사지(易地思之)'를 해 본 것이다. 재밌는 것은 이를 영어로 바꾸면 'Put myself in your shoes', 즉 '다른 이의 신발을 신어본다'는 의미로 해석된다는 점이다.

미국 드라마답게 이를 글자 그대로 적용한 것인지는 몰라도, 남편은 아내의 신발을 대신 신어본다면 제일 먼저 느꼈을 부분을 간파했다. 그리고 그는 자신도 아내도 그 무엇도 탓할 필요 없이 문제를 해결하고 아내를 위하는 최고의 남편이 되었다.

나의 역지사지, '남의 신발 신어보기'는 겉보기엔 제이와 비슷했지만, 실상은 전적으로 달랐다. 남의 신발을 차마 신어보겠다고 할 용기가 나지 않아 겉으로만 맴돌았다. 어찌 됐든 직접 신어 보아야 어디가 불편한지, 사이즈 때문인지 소재 때문인지를 알 수 있을 텐데 용기없는 나는 밖으로 보이는 모습으로만 미루어 짐작했다. 그리고는 내 기준에 가장 예뻐 보이는 새 신발을 사 오는 것이다. 나도 선뜻 사기 힘든 비싸고 예쁜 신발을 상대방에게 선물했으니 당연히 기뻐하고 고마워하리라는 기대에 혼자 부풀어서 말이다.

상대방의 무덤덤한 반응은 나의 기대를 무참히 박살냈다. 고마워하기는커녕 신어보라는 내 요구에 '나중에. 내일 신어 볼게' 하며 미루는 느낌이다. 오늘은 피곤하니 이만 들어가 보겠다고 한다. 그렇게 나는 거절의 상처를 안고 시간과 돈을 들여 기분을 맞추려고 한 자신을 탓하며 눈물로 잠이 든다. 나는 역지사지는 제이와 뭐가 달랐을까?

나는 어릴 적부터 상대방의 기분을 알아차리기가 쉬웠는데, 타고나기를 예민하게 타고난 것도 있고 그로 인해 눈치 보는 것이 습관이 된 탓도 있다. 상대방은 신경 쓰지 않는 것 같은데 나만 예민하게 느끼는 것이 또 불리하게 느껴져서 일부러 둔감한 척한 적도 많다. 표정에서는 미처 감추지 못해 어찌되었건 들켜버리는 허술함까지 고루고루 다 갖춘 나였다.

눈치를 보며 내가 이렇게 하면 상대방이 더 좋아할 것이라는 생각에 이런저런 노력을 한다. 친구들 사이에서 분위기가 처지려고 하면 내가 분위기를 띄워야 한다는 생각에 말도 안 되는 이야기나 행동을 지어내기도 했다. 내가 있는 자리가 어두워지면 자꾸만 책임감이 느껴지는 것이다. 어쩌면 나를 잘 모르는 이들일수록 내가 분위기메이

커라고 여길지도 모르겠다. 알고 보면 정반대의 이유로 낑낑거리며 짊어지고 있는데 말이다.

상대방의 입장에서 생각해보자. 내가 기분이 방방 뜨지 않는다고 해서 그것이 모두 함께 있는 사람의 탓은 아니다. 잠시 딴생각에 잠길 때도 있고, 아까 처리하다 만 일이 생각나서일 수도 있다. 감기 기운이 있거나 어젯밤 잠을 잘 못 자서 단순히 피곤한 것일 수도 있다. 그런데 그런 나를 두고 상대방이 웃겨보겠다고 말도 안 되는 이야기를 해대거나 내가 웃을 때까지 무엇이든 하겠다고 하면 그게 더 부담이고 피로감이다. '나는 괜찮아. 그러니 제발 그러지 말아줘'라고 말도 못 하고 억지로 웃음을 보여야 할 때도 있다.

집으로 돌아가는 길, 둘은 각자 다른 생각을 한다.

'내가 뭘 잘못했나? 대체 왜 그러지? 집에 가서 다시 전화라도 해볼까?'
'아, 어서 집에 가서 편한 옷으로 갈아입고 싶다. 내 침대에 누워 편히 쉬고 싶다.'

나의 역지사지가 제이와 다른 이유는 상대방의 기분을 '내 것'으로 가져왔기 때문이다. 흔히 공감한다고 하면 완전히 몰입되어 상대방과 나를 동일시하는 것으로만 여긴다. 여기에는 흔히 빠지기 쉬운 함정이 있다. 바로 상대방의 기분을 내 것으로 받아들이고 죄책감을 갖는 것이다. 죄책감으로는 다른 이의 신발을 신어보겠다고 말하지 못한다. 먼발치에서 바라만 보면서 마음 졸이고, 그러면서 비슷한 신발을 신어보겠다고 혼자 아등바등하는 것에 지나지 않는다. 상대방에 대해 죄책감을 갖는 한 진정한 역지사지는 힘들다. 이미 한쪽으로 쏠린 마음이 나와 상대방 모두를 제대로 바라볼 수 없게 만든다.

상대방의 기분은 내 탓이 아니다. 과거의 나를 포함한 많은 이들이 상대방의 신발을 넘겨짚고는 자신의 탓으로 돌린다. 이런 식으로 자신의 그러한 기분도 자신의 탓이다. 상대방의 기분도 내 탓, 나의 기분도 내 탓. 이상하지 않은가? 논리의 단순한 방향조차 맞지 않는다. 상대방의 기분이 내 탓이라면 내 기분은 상대방의 탓이어야 하지 않겠는가?

반대로 내 기분이 나의 탓이라면, 상대방의 기분은 상대방 몫이다. 내가 둘 다 떠안을 필요도 없지만 이런 생각을 하는 것 자체가 나의 자아가 둘 다 떠안을 만큼 아직 크지 않다는 뜻이기도 하다. 아직은 나 하나로 충분하다. 내 기분에 내 풀이 죽더라도 적어도 상대방의 기분까지 떠안지 않아도 된다. 어떤 상황에서도 지금 상대방의 기분은 내 탓이 아니다.

나의 작은 자아는 아직 상대방의 신발을 제대로 신어보기 어렵다. 아직 온전히 감당하기에는 버겁다. 눈짐작으로라도 맞추고 싶지만 아직은 아니다. 지금 그 신발은 우선 상대방에게 맡겨두자. 글로리아의 남편 제이처럼 자연스럽게 내가 감당할 수 있는 때가 온다. 그래도 나와 함께 있었는데, 내가 가장 가까운 사람인데 나의 탓도 조금은 있지 않겠느냐고 반박한다면 다시 한 번 이야기해주고 싶다. 상대방의 기분은 내 탓이 아니다. 혼자 남겨졌을 때 무언가 더 하려는 자신의 손을 내려놓고 스스로 반복하라. '상대방의 기분은 내 탓이 아니다.' 이것이 우리만의 새로운 시작이다.

나 자신이 온전하고 건강할 때 관계도 성장한다.
온전하고 건강함이란?

1. 남의 신발 사이즈를 어림짐작하지 않는다.
2. 진짜 신어보기 전까지는 신어본 것이 아니다.
3. 내 스타일이 아니어도 신어볼 수는 있다.

다른 이의 신발을 신어보면 알게 된다.
자기에게 맞는 사이즈를 신어야 발이 편하다.
또한 우리는 모두 자신만의 취향이 있다.
다른 이들의 취향까지 책임질 이유는 없다.

제
대
로
받
을
줄
도
알
아
야
한
다

고향 친구 R은 첫사랑과 15년간 연애한 것으로 유명하다. 3살 많은 학교 선배와 장장 15년에 걸쳐 만난 것이다. R은 15년간 다른 남자를 만나본 적도 없고 그 오빠가 세상에서 가장 멋있다고 여겼다.

R가 고등학생 때 대학에 들어간 그는 그녀에게 법이고 진리였다. R은 누가 봐도 좀 심하다 싶을 정도로 그 남자를 우상화하고 있었다. 엄마 몰래 남자친구가 자취하는 집 냉장고를 채운다고 자기 집의 냉장고를 털고 엄마 지갑도 털어 혼나기도 많이 혼났다.

안타깝게도 이렇게 헌신적인 내 친구를 남자 쪽의 부모님은 탐탁잖게 여겼다. 어린 여자애가 반찬을 싸들고 들락날락하는 것이 자기 아들 공부하는 데에 방해가 된다고 한 것이다. 설상가상으로 그가 캠퍼스 커플이라는 소문이 돌았고, 남자의 부모님은 집안 좋은 딸이라는 그 여자 친구와 잘 해보라며 부추기기까지 했단다. 남자는 자신에게 헌신적인 내 친구와 헤어지지는 못 하면서 학교에서는 캠퍼스 커플인 이상한 모양새였다.

이상할 정도로 운이 없게 지원한 모든 대학에 떨어진 그녀는 군대 간 남자친구만 기다리고 있었다. 제대하는 즉시 결혼할 기새였다. 아직도 기억난다. 군부대에 보낼 거라며 어른 한 명도 들어갈 만한 박스에 각종 간식을 차곡차곡 싸면서 책처럼 엮은 편지 모음 뒷면에 친구들의 응원 메시지를 적어 달라는 것이었다. 나에게도 청하기에 형식적으로 몇 마디 적었던 기억이 난다.

어느 날 생일인 R에게 축하인사를 하며 남자친구한테도 연락이 왔느냐고 묻자 대답이 충격적이었다.

"부담 주지 않으려고 내가 말 안 했어."

"만난 지 10년이 다 됐는데 네 생일을 모른단 말이야?"

"오빠는 그런 거 잘 기억 못 해."

"그럼 이제까지는 어떻게 했어?"

"내가 '오늘 내 생일이야' 하면 오빠가 축하한다고 꼭 안아줬지. 뽀뽀도 해주고."

"선물 같은 거 받아본 적 없어?"

"옛날에는 해준다고 했는데 내가 돈도 없는데 무슨 선물이냐고 야단쳤지. 경제관념을 심어줘야 할 것 같아서. 그때 한번 지갑 사 왔길래 내가 환불해서 오빠 통장 만들어서 줬어. 이런 거 안 사와도 된다고. 그 뒤로는 그런 거 안 해."

입이 다물어지지 않았다. R이 해마다 그의 생일을 어떻게 챙겼는지 난 안다. 생일 선물은 물론 해마다 색다른 이벤트를 열어준다면서 100개의 초를 켠다, 장미꽃 잎으로 길을 만든다, 눈앞이 캄캄해지도록 풍선을 분다면서 야단법석을 떨지 않았던가 말이다. 그러면서 남자에겐 경제관념 운운하다니.

그녀의 양어깨를 붙잡고 백 번쯤 흔들어 대고 싶은 심정이었다. 물론 내가 백 번 천 번 어깨를 흔들었어도 당시의 그녀는 변하지 않았을 것이다. R이 그 오빠에게 퍼주는 것의 절반, 아니 반의반, 10분의 1이라도 받을 줄 알았다면, 적어도 선물해준 지갑을 환불만 하지 않아도 그야말로 '첫사랑과 결혼까지 한' 동화 같은 이야기의 주인공이 되었을지도 모른다.

15년 만에 남자친구와 헤어진 R은 '다시는 누구도 만나지 않겠다. 혼자 살겠다'고 선언하며 그동안 소홀히 했던 자신에게 관심을 갖기 시작했다. 결혼하면 어차피 그만둘 것이라며 놀려 가듯 했던 직장에도 관심을 갖자 회사에서 지원을 받으며 자기계발을 할 수 있는 기회도 생겼다. 그동안 모르고 있던 새로운 세상을 만나게 된 것이다. 그러던 중 같이 과정을 듣는 한 남자를 알게 되었고, 그 남자가 아침저녁으로 직장과 학원에 데려다주면서 1년간의 연애 끝에 결혼하게 되었다. 15년간 만난 그와 헤어진 지 3년 만의 일이다.

헤어진 3년 중 처음 1년은 가관이었다. '지방에 새로운 사업을 시작해서 지금은 연애 같은 것에 관심 둘 때가 아니다'라며 뻔한 말로 R을 떠난 그였다. R은 몇 번이고 다시 연락하고 찾아가고 울고불고 난리를 쳤다. '사업에 도움이 필요하면 자신이 돕겠다. 같이 일하면서 계속 만나면 되지 않느냐, 사무실에서 무보수로 일을 돕겠다. 차라리 우리가 결혼하면 부모님도 도와줄 것이다. 내가 더 잘하겠다'라고 한다. 어느 날은 '15년의 세월을 정리하는데도 시간이 필요하다. 내가 정리할 때까지 나를 그냥 더 만나 달라'는 밑도 끝도 없는 떼를 쓰기도 했다. 다행히 그는 R을 냉정하게 잘라내고 주위 사람들의 입단속을 하고 지방에서 새로운 삶을 시작한 모양이다.

모든 것을 다 바친 그녀는 더 이상 남녀관계에 아무런 기대도 하지 않게 되었다. 아무리 오랜 세월이 흐르고 정이 든다 해도 '안되는 것은 안된다'는 나름의 깨달음을 얻은 셈이다. 그제야 비로소 그동안 돌봐주지 못했던 자신이 눈에 들어왔고, 부지런한 천성대로 자신에게도 최선을 다하기 시작했다. 그렇게 다음 1년을 보내고 드디어 3년째, 우연히 만나게 된 새로운 남자야말로 R에게는 새로운 관계를 제대로 시작할 기회가 된 것이다.

자신에게 투자하면서 바쁜 나날을 보내고 있었다. 일도 하고 공부도 하며 새로운 미래를 그리기에 여념이 없었다. 그런 만큼 새로운 사람이 나타난다 해도 예전처럼 모든 것을 바칠 만한 이유도 상황도 되지 못했다. 그저 자신의 출퇴근을 편하게 만들어주는 상대 남자의 호의를 받아들이기 시작하면서 이전과는 완전히 다른 형태의 행복을 맛보게 된 것이다. 자신이 편안하게 출퇴근하는 것만으로 기뻐하는 남자의 모습을 보며 이제까지 자신이 얼마나 홀로 힘든 노력을 해왔는지 깨닫게 되었다.

관계는 어디까지나 '주고받는' 것이다. 여기에 꼭 '주는 만큼 받아야 한다'던가 '내가 더 받아야 한다'는 식의 양적 기준을 덧붙일 필요는 없다. 우선은 주고받는 양쪽의 방향이 제대로 유지되고 있는지만 보면 된다. 주의할 것은 내가 받는 것을 '자기만족'이라고 국한하면 안 된다는 점이다. 나는 주는 것만으로 행복하니 그것으로 충분하다고 하는 식이다.

지금은 그런 뻔한 소리를 하려는 것이 아니다. 주는 것은 너무나 익숙하지만 받는 것은 어색하고 두려운 이들을 위한 이야기다. 진정으로 주는 것이 행복하다면 받는 것도 진정으로 행복하면 된다. 자신은 주는 것이 행복이라고 하면서 받는 것은 거절하고 돌려주겠다고 나서면 그 또한 상대방의 입장에서는 폭력적이다. 순수하게 주고자 했던 상대방을 무안하고 의기소침하게 만드는 일이기도 하다.

주는 것에 익숙하다면 받는 것도 익숙해지도록 하라. 받는 것이 익숙하다는 의미를 잘 이해하지 못하겠다면 일단 받아보고 나서 이해하면 된다. 받기도 전에, 누가 시키지도 않았는데 '나는 받는 것보다 주는 게 속 편해'라며 괜한 말을 떠벌릴 필요도 없다. 그저 한순간만 가만히 있어도 성공이다.

받고 나서도 할 일은 단 하나뿐이다. "고맙습니다!"라고 최대한 밝은 표정과 목소리로 말하는 것, 그뿐이다. 그다음에 어떻게 해야 할지 모르겠다면 마찬가지로 가만히 있으면 된다. 당장 촌각을 다투는 빚이라도 받은 양 '어떻게 갚지, 뭘 해줘야 하나?' 고민할 필요가 없다. 주고받는 타이밍은 엄밀히 따로 있다. 이제까지 무언가를 해주고 언제나 그 자리에서 되받았는가? 아닐 것이다. 지금 받았다고 지금 갚아야 하는 것이 아니다. 지금 주었다고 지금 받을 것을 기대하지 않는 것처럼 말이다. 제대로 받지 못하는 사람이 주는 것은 상대방에게도 부담이다. 주는 기쁨만큼 흥미진진한 받는 기쁨도 있다는 것을 기억하라. 그저 '가만히 있는 것'만으로도 반쪽짜리 행복에서 벗어날 절호의 기회다.

줄 때도 받을 때도 생각하고 해야 할 말은 단 하나 뿐이다.

"감사합니다!"

다섯

불편함도 받아들이면 편해진다

"우리 서로 편하게 말 놓을까요?"

"나랑 편해지려면 같이 술도 진탕 마시고 기절해 봐야지."

"네가 편하니까 그런 거야. 편하니까."

"네가 너무 편해서 몰랐나 보다. 네가 이해해."

　우리는 하루에도 몇 번씩 '편하다'의 함정에 빠져든다. 내가 굳이 이를 '함정'이라고 하는 이유는 '편함'을 가장한 '불편함'이 의외로 많고, 편함을 강조할수록 더 불편한 이야기라는 것을 깨달았기 때문이다. 도대체 '편한 것이 좋은 것'이라는 공식은 어디서부터 나왔을까.

　위에서 제시한 문장들을 하나씩 있는 그대로 솔직하게 거절하면 어떻게 될까?

"서로 말을 높이는 게 더 편해요."

"술 마시고 노는 것을 좋아하지 않아요."

"앞으로는 그러지 마세요."

"저는 이해가 안 됩니다."

아마도 상대방에게 당신은 매우 '불편한' 사람으로 보일 것이다. 그도 그럴 것이 자신의 입장에서 '편하다'고 한 것을 당신이 '편하지 않다'고 대답하니 말이다. 그렇다면 편하지 않다, 다시 말해 '불편하다'고 하면 안 되는가? 왜 안 되겠나. 그래도 된다.

단 한 가지, 아마도 당신이 힘들어할 한 가지는 여전히 남을 것이다.

"까칠해 보이겠죠? 따돌림당하지는 않을까요?"

적어도 '편함'을 운운하는 이들로부터는 까칠해 보인다고 따돌림당할 것이다. 그것까지도 포함해서 다시 생각해 보자. 그러한 따돌림이 당신의 인생에 어떤 문제가 될까? 실상은 아무 문제도 아니다. 오히려 감사해야 할 판이다. 편하다는 이유로 나를 존중하지 않는 이들과 멀어질 기회다.

만약 저러한 말들에 대답할 기회를 놓쳤다면? 이것이야말로 문제다. 앞으로도 당신이 지긋지긋하게 겪어온 일들의 반복일 뿐이다. 편하다는 이유로 당신에게 아무렇게나 이야기하고 정작 자신은 제대로 들으려 하지 않는다. 자신의 실수를 사과하는 대신 편해서 그랬다며 얼버무린다. 이후 똑같은 실수를 반복할 가능성도 크다. 그때 가서 반박하거나 사과를 요구하면 편한 사이에 까다롭게 군다며 당신에게 잘못을 돌릴 것이 틀림없다.

왜 이제까지 비슷한 일을 반복해서 겪으면서도 원하는 대답을 제때에 하지 못했는가? 말 그대로 그런 관계에조차 '의존'하고 있었기 때문이다. 사람들 사이에서는 무조건 편해져야 한다는 강박관념. 둥글둥글 모나지 않아야 한다는 왜곡된 처세술과 사회적 통념이 내 안에 뿌리 깊이 박혀버린 것이다. 나의 작은 자아가 그러한 통념을 실제보다 크게 받아들여 내 안에 일부로 두는 것이 아닌 나를 그 안에 가두는 쪽으로 주객이 전도된 탓이다. 작은 자아와 낮은 자존감은 자신보다 더 커 보이는 무언가에 자신을 집어넣으려고 한다. 그것이 무엇이든 일단 나를 감싸고 있다는 느낌에 의존하고자 한다. 그것이 진짜 내가 들어갈 만한 안식처인지 겉보기에만 그럴싸한 불법 임시 건물인지도 모른 채 말이다.

해가 갈수록 다양한 사람들을 만나게 된다. 나의 행동반경이 넓어진 만큼 당연한 일이다. 만난 지 얼마 안 된 업무상 만난 이들, 같이 공부하며 만난 이들은 분명 사적으로 친해지기 위한 만남은 아니다. 그럴 때 어느 정도까지 친해져야 할지 작은 자아와 부실한 자존감의 소유자들은 고민에 빠져든다. 어느 자리에서나 처음 만난 이들과 십년지기처럼 스스럼없는 이들도 있겠지만 그건 어디까지나 개인차다. 모든 이들이 할 수도 없고 할 필요도 없다.

예전에는 부담감에 노력만 하다가 더 힘들어진 경우도 많았다. 평소의 나보다 더 많은 에너지를 쓰면서 다른 이들과의 친분을 위해 나의 감정을 소모한다. 그러다 보니 모임이 갈수록 부담이 되고 원래의 목적과 달리 새로운 의무감을 가중시킨 셈이다.

내가 선택한 방법은 불편함 자체를 그냥 받아들이는 것이다. 별도의 친해지기 위한 노력을 하거나 억지로 피하는 것이 아니라 적당한 수준에서 그저 받아들이는 것이다. 무조건 편해져야 한다는 강박관념에서 벗어나라. 편한 것이 좋은 것은 아니다. '편함'은 자연스럽게 그렇게 되었을 때 느끼는 감정일 뿐이다. 그 자체로 좋고 나쁨이 아니다. 분위기 메이커가 되어야 한다는 쓸데없는 의무감을 벗어라. 누구도 나에게 그런 의무를 줄 수도 없고 주어서도 안 된다. 실제로도 그런 것을 신경 쓰는 사람은 나를 제외하면 아무도 없다.

'내가 이렇게 하지 않으면 안 될 것 같은' 혼자만의 생각만 집어 던지면 된다. 혼자만의 생각이 커지고 단단해져 돌덩이가 되기 전이 기회다. 그 생각이 불필요한 무게를 더하기 전 그 생각만 핀셋으로 딱 집어내어 던져라. 나의 코칭을 받은 이들 중에는 실제 핀셋에 '생각 버리기'라는 이름표를 붙이고 항상 눈앞에 두는 경우도 있다. 내 경우는 마음에 들지 않는 생각을 종이에 휘갈겨 쓴 다음에 갈기갈기 찢거나 잘근잘근 구겨서 쓰레기통 깊숙이 집어넣는 방법도 사용해 보았다. 어떤 것이든 내가 실제로 인식할 수 있는 행동이 있으면 더 확실하다.

불편함도 받아들이면 편해진다. '편함'의 함정을 벗어나는 길은 '불편함'을 있는 그대로 편하게 느끼는 것뿐이다. 애초에 편하고 불편한 것은 존재하지 않는다. 내가 익숙한 쪽을 편함이라고 이름 붙인 것뿐이다. 사전에 정해진 절대적인 기준은 없다. 대부분의 사람들이 그렇다고 했다면 그들이 믿는 기준을 나에게 이야기한 것에 지나지 않는다. 그렇다면 나도 나만의 기준을 만들면 된다. 어디까지나 '나'로부터 시작한다. '남이 그러는데', '들은 이야기인데', '그렇다고 하니까', '그래야 할 것 같아서' 등의 수식어가 붙는 것들은 과감히 생각의 핀셋으로 집어 내버리자.

불편함의 기준은 나로부터 다시 시작된다. '남의 불편함'을 내 것으로 받아들여 힘들었다면 '나에게 편한' 불편함으로 받아들이자. 누군가는 '내가 만든 기준이 맞는 것인지 불안하다, 그런 불안감이 또 다른 불편함이다'라고 이야기할 것을 나는 안다. 그렇다면 지금 무엇을 해야 할까? '생각의 핀셋'을 들고 나를 괴롭히는 그 생각을 집어내 버리자. 종이에 마구 휘갈기고 꾸깃꾸깃 구겨버리자. 시원하게 죽죽 찢어 산산이 조각내 버리자. 더 이상 그 어느 것도 나를 불편하게 할 수 없다.

불편함을 받아들이는 3가지 방법

1. 편안함의 기준은 내가 결정한다.
2. 자신의 편안함을 강요하는 이들과는 불편한 게 낫다.
3. 편안함을 위해 무언가 하려는 생각 자체를 집어내어 버린다.

실수는 실패가 아니다

'금사빠(금방 사랑에 빠지는)' 내 친구 C는 자신의 모든 경험을 시트콤으로 만드는 비상한 재주가 있다. 만날 때마다 새로운 에피소드를 소개하는 C를 볼 때마다 이전에 미처 깨닫지 못한 사람들의 다양한 모습을 떠올리는 계기가 되곤 한다.

화창한 5월의 어느 날, C에게 오랜만에 생긴 소개팅이다. 날씨가 좋으니 기분도 좋다. 내심 기대하고 나갔는데 이게 웬걸, 기대 이상이다. 완전 자신의 이상형이다. 시작은 가벼운 마음으로 차나 한잔하자는 것이었는데 마주 앉은 상대방을 볼수록 처음의 생각은 흔적도 없이 사라져버렸다.

소위 말하는 직업 좋고 학벌 좋은 남자라는 것은 둘째 치고 하얀 피부에 가지런한 헤어스타일, 모난 데 없는 얼굴에 무엇보다 웃는 모습이 예술이다. 그런 웃는 모습이라면 무엇이든 해줄 수 있을 것만 같다. 게다가 목소리는 또 얼마나 부드럽고 묵직한지. 아무 말이나 해도 귓가에 달달한 꿀이 뚝뚝 떨어진다.

C는 자기도 모르게 묻지도 않은 이야기를 주섬주섬 꺼내고 만다.

"제가 원래 이런 사람이 아닌데요. 여태까지 소개팅했던 남자마다 다 그냥 그랬거든요. 외모도 별로고 목소리도 진짜 아닌데 어찌나 말은 많던지. 들어주느라 엄청 피곤했거든요. 스테이크 먹자고 하는데 사실 뭐 스테이크가 중요한가요? 사실 전 삼겹살에 소주에요. 잘 썰리지도 않는 고기 먹느라 피곤하기만 하고. 근데 그쪽 완전히 제 스타일이세요. 오늘은 기분이 너무 좋네요. 이럴 게 아니라 진짜 소주라도 한잔할까요?"

그 남자는 회사에서 급한 연락이 왔다면서 커피 한잔을 마시자마자 황급히 자리를 떠났다고 한다. 그렇게 C의 소개팅은 한 시간 반 만에 끝났고 그를 다시 볼 수는 없었다. 집으로 가는 길, 그사이 하늘엔 갑작스럽게 구름이 가득하다. C에게는 마치 '네 연애의 미래'라고 보여주는 듯하다. 진짜 혼자 소주라도 한 잔할까 싶다.

'내가 그렇지 뭐. 남자 복은 지지리 없어요. 이렇게 평생 아무도 못 만나고 혼자 사는 거 아냐? 내가 뭐 그렇게 대단하게 예쁘기를 하나, 능력이 있기를 하나, 집안에 돈이 많은 것도 아니고. 애초에 그런 훈남이 나를 좋아한다는 게 말이 안 되는 거야. 내 주제도 모르고. 나 같은 게 무슨 연애야, 연애는.'

사람들 사이에서 실수하고 창피를 당했다고, 내가 생각한 만큼 제대로 어필하지 못했다고 인간관계에 실패한 것이 아니다. 우리는 돌이킬 수 없는 일을 저지른 프로운동선수가 아니다. 앞으로의 모든 관계와 만남의 기회를 박탈당한 것도, 자격정지를 당한 것도 아니다. 그냥 동네 운동장을 즐겁게 뛰어다니는 정도면 충분하다.

동네 운동장에서 달리기하다가 넘어졌다고 혼자 거창하게 은퇴 운운하며 다시는 운동장에 나가지 않을 것인가? 그 누구도 개의치 않는다. 설령 나를 아는 누군가가 그 장면을 보았다고 해도 오늘 하루 내가 보이지 않는다면 '몸이 안 좋은가? 내일 나오겠지, 뭐' 정도로 끝나는 것이다. 내가 내일 다시 나갔을 때 '어머, 운동장 한복판에서 우습게 넘어지더니 오늘 염치도 없이 또 나왔네'라고 할까? 그날은 그냥 그래서 그랬던 것이다. 하루치의 실수일 뿐이다.

실수(失手)는 한자 그대로 순간적으로 손을 놓친 정도에 지나지 않는다. 설거지하다가 손이 미끄러워 접시를 놓쳐 깨뜨린 경험이 있는가? 그런 것이 실수다. 더 주의를 기울였다면 막을 수도 있었겠지만 장담할 수 없는 일이다. 어쨌거나 의도와 상관없이 일어난 일이기 때문이다. 이미 깨진 접시는 그만이다. 울며 애원해도 저절로 다시 붙는 일은 없다. 대신 작은 조각 하나까지 싹 쓸어 담아 안전하게 버려야 한다. 괜히 아깝다고 조각을 남겨 봐야 다시 손을 베이는 일밖에 일어나지 않는다.

실수가 실패가 되는 경우는 두 가지다.

첫째, 처음부터 완벽함을 목표로 했을 경우다.

대부분은 설거지에 특별한 목표를 부여하지는 않는다. 먹고 난 그릇을 제때 치우는 정도지, 설거지 자체가 목표가 되지는 않는다. 하지만 모든 것이 항상 완벽해야 한다고 믿는 이에게는 조금 다르다. 그에게 설거지는 시작부터 끝까지 정해진 순서대로 완벽히 진행되어 흠잡을 데 없이 마무리되어야 하는 목표다. 혼자만의 의미 부여가 시작되면서 완벽을 추구하는 감정 습관이 발동하는 것이다. 그래서 손에서 미끄러진 접시는 실패이고 그 접시를 놓친 나는 실패자가 된다.

관계 또한 마찬가지다. 완벽한 관계라는 것은 존재하지 않는다. 정해진 매뉴얼도 모두에게 당연한 법칙 같은 것도 없기 때문이다. 어디까지나 둘 사이에서 다양한 상황에 따라 수시로 변화하는 유기체와 같다. 그러한 유기체를 처음부터 틀에 박힌 목표로 평가하려 든다면 모든 예외 상황은 실패가 된다. 혼자 들어앉은 그 틀 안에서 자신을 실패자라 여기게 될 것이다.

둘째, 손에서 미끄러지는 것을 다시 잡으려다 놓쳤을 때이다.

완벽한 설거지를 목표로 하지는 않았다 해도 떨어지는 접시를 그대로 두고 보지 못한다. 기어코 자신이 그것을 받아내어야 한다고 온몸과 마음으로 외치는 것이다. 떨어지는 접시는 웬만해선 다시 잡을 수 없다. 그 접시를 잡으려다 오히려 발등을 다치거나 다른 곳에 한 번 더 부딪힐지도 모를 일이다. 놓쳐버린 접시는 실패가 되고 떨어지는 접시의 속도보다 느린 자신은 실패자가 된다.

한 번의 실수를 있는 그대로 보내버리면 그만인 것을 괜히 되돌려 보겠다고 이런저런 노력을 더하는 것이 오히려 지금의 관계를 더 어렵게 할 수도 있다. 모든 노력이 다 좋은 것은 아니다. 방향 없는 노력, 의미 없는 노력도 얼마든지 있다. 그래놓고 '노력해도 안 된다'며 한탄을 반복하고 있지는 않은가. 보내야 할 것을 보내지 못하면 '미련'이고 그런 미련을 자꾸만 끌어안는 이는 미련한 자일 뿐이다.

실수는 실패가 아니다. 오히려 성공에 더 가깝다. 성공의 방향에 서 보았고, 그 길로 가보았다는 것 자체는 증명된 셈이기 때문이다. 실패는 성공의 길을 찾는 시도 자체를 하지 않는 것을 말한다.

관계를 시작하고 형성하는 과정에서 실수가 있었다면 온전한 관계를 위한 도전을 했고, 어떠한 방법이나마 시도를 했다는 뜻이다. 그 자체만으로도 성공의 가능성을 높여준 셈이다. 하나의 경우의 수 또는 변수를 증명해 낸 것이기 때문이다. 굳이 실수라고 할 것도 없어 보인다. 경험일 뿐이다. 수없이 거치는 일상의 경험 중 하나다.

오히려 관계를 시작조차 못 하고 어떠한 시도도 하지 않은 채 혼자만의 방에 머물러 있다면 그것이야말로 실패에 가깝다. 아무도 만날 수 없는 환경에 자신을 밀어 넣고 기회조차 박탈한 셈이기 때문이다. 오늘도 실수를 실패라 자책하고 있었다면 주저 없이 한 번 더 기회를 주자. 기회가 있는 한 실패는 없으니까.

실수 : 순간적으로 손을 놓친 것

실패 : 단 한 순간도 손을 놓치면 안 된다는 완벽함이 기준일 때,
        순간적으로 손을 놓치고 다시 잡으려고 허우적거릴 때,
        다시는 기회가 없다고 여기는 것.

기회가 있는 한 실패는 없다.

관
계
에
도
다
이
어
트
가
필
요
하
다

누군가는 '인생이 다이어트'라고 이야기하지만, 나에게 기억에 남을 만한 다이어트는 두 번이다. 한번은 대학교 1학년 여름방학 때 몸무게 9kg을 줄인 것이고, 다른 하나는 출산 후 16kg을 뺀 후 새로이 몸을 만든 일이다.

언제 다이어트를 결심하게 되는가? 살펴보면 크게 몸이 무거울 때와 마음이 무거울 때다. 대학교 1학년 때는 사실 몸이 무겁다기보다 마음이 무거운 쪽에 가까웠다. 대학생이 되어 달라진 모습을 꿈꾸었는데 외관상 변화가 없으니 약간 김이 샌 것 같은 느낌이었다. 대학교 가면 저절로 살이 빠진다는 속설은 나에겐 통하지 않았다. 오히려 처음으로 술을 마시게 되고 불규칙한 식생활로 고3 때 삼시세끼와 두세 번의 간식으로 찌운 살을 그대로 유지하고 있을 뿐이었다.

겉으로 보기에 나는 마른 편에 속했다. 키가 컸기 때문에 드러나지 않은 것도 있었지만, 누구도 내가 살이 쪘기 때문에 빼는 것이 좋겠다는 이는 아무도 없었다. 하지만 내 마음은 무거웠다. 여름방학 동안 집밥을 먹으며 매일 지하철 3~4정거장을 걸어 다닌 결과, 2학기에는 가벼운 마음으로 친구들에게 다이어트 비결을 전수할 정도가 되었다.

출산 후에는 물리적으로 무거워진 몸을 가볍게 하고자 하는 의도였다. 단순히 체중계의 숫자를 줄이는 것이 다가 아니라 틀어진 체형도 교정하고 무너진 기초체력을 다시 쌓는 데 초점을 두었다. 단순한 생활 가운데 좋은 재료를 골고루 챙겨먹고 하루 한 시간씩 요가와 필라테스를 하면서, 10개월 만에 수치상으로도 내가 느끼기에도 이전과는 전혀 다른 몸으로 거듭날 수 있었다. 그때 다진 체력으로 흔히 말하는 산후 후유증이나 체력 저하 없이 임신 전보다 더 왕성하게 여러 가지 일들을 할 수 있게 되었다. 지금 휴일을 맞아 온종일 집중하여 이 책을 쓰고 있는 것처럼 말이다.

인간관계도 마찬가지다. '사람이 좋아서', '사람을 좋아해서' 이리저리 다니고 챙기다 보면 어느 순간 몸과 마음이 무거워질 때가 온다. 생업에 지장을 받을 정도로 물리적으로 힘이 드는 경우도 있고, '이건 아닌데' 싶어도 이미 해오던 것이 있으니 마음이 무거워도 어쩔 수 없이 계속해야 한다.

오지랖이 태평양 같은 선배 H는 항상 만나자는 사람도 많고 필요로 하는 곳도 많다. 온갖 궂은일을 도맡아 하는 만년 총무이자 어디선가 누구에게 무슨 일이 생기면 어김없이 나타난다. 정작 자기 일을 처리하지 못해 쩔쩔매지만, 체면 때문에 도움을 청하지는 못한다. 다른 이들은 그렇게나 내 일처럼 도와주었는데 정작 자기 일을 도와줄 사람은 없다니 아이러니다.

결혼하고도 예전처럼 온갖 모임은 다 참석하고 자신이 아니면 도울 사람이 없다며 참견하고 다니니 아내의 불만은 쌓여갔다. 아내의 말을 빌리자면, 알고는 있었지만 설마 결혼을 하면 달라지겠거니 했는데 변함이 없던 것이다. 예전에는 데이트하는 시간은 예외였는데, 이제 그마저도 없으니 집에서 얼굴 한번 마주치기가 힘들다. 언젠가 한번은 사람 만나는 것 좀 줄이라고 했다가 괜히 질투하는 속 좁은 사람만 되어 버렸다고 했다.

살을 빼는 다이어트가 주변 사람들의 권유만으로는 잘 안 되듯이 관계 다이어트도 본인이 직접 깨닫지 않는 이상 어렵다. 말 그대로 몸과 마음이 무겁다는 것을, 그러한 무거움이 지나친 관계 의존 때문이라는 것을 직접 느껴야 아는 것이다.

그렇다면 관계 다이어트에도 지름길이 있을까? 내 몸을 위한 다이어트 성공 경험에 비춰본다면 관계 다이어트에도 분명한 지름길이 있다.

첫째, 관계에서 멀어져야 한다.

살을 뺄 때도 일단은 음식에서 멀어져 보아야 내가 그동안 어떤 음식에 특히 집착했었는지를 알게 된다. 내 경우도 음식에서 일단 거리를 두자 과자가 그렇게 먹고 싶을 수가 없었다. 그동안 하나둘 집어 먹었던 과자가 내 군살의 주범이었다. 다른 것을 하지 않고 밥을 꼬박꼬박 먹으면서 과자만 금지해도 하루가 다르게 몸이 가벼워졌다.

관계도 마찬가지다. 일단 멀어지면 어떤 것에 대한 금단현상이 나타나는지 알 수 있다. 모임을 권유하는 친구들의 살가운 목소리인지, 날마다 들여다보던 SNS의 '좋아요'인지 구분이 된다. 내가 의존했던 관계의 실체가 조금씩 드러날 것이다. 모든 관계를 단절하지 않고 단 하나만 끊어보아도 그동안 느낀 무거움이 한결 가벼워질 것이다.

둘째, 꼭 필요한 관계에만 집중한다.

무작정 굶는 다이어트는 최악이다. 그 당시에는 잠시 해쓱한 모습을 보일지라도 얼마 뒤면 다시 돌아가 버리고, 굶었던 기억으로 내 몸이 자동으로 전보다 더 음식에 집착하게 되기 때문이다. 무엇보다 중요한 것은 몸에 필요한 영양소를 고루 섭취하되 간식이 아닌 삼시 세끼에만 집중하는 것이다. 사전에 계획한 대로만 먹는다면 살도 빼고 건강도 찾을 수 있는 일석이조의 효과가 나타난다.

관계도 무조건 끊는 것이 능사가 아니다. 얼마 안 가 금단현상이 극에 달할 때 쯤 갑작스러운 감정 폭발로 자신과 주위 사람들을 놀라게할 수도 있다. 그보다는 차분히 돌아보며 집중해야 할 관계의 우선순위를 정하는 것이 훨씬 편안한 방법이다.

함께 있을 때 기분이 좋은 관계, 내가 성장하는 데 건강한 자극이 되는 관계, 무엇보다 나와 가장 가까운 가족과의 관계를 우선순위로 하여 집중하는 것이 필요하다. 상대적으로 부정적인 영향을 주는 이들, 현재의 나에게 불만으로 가득한 이들이 모인 곳에는 의식적으로 가지 않는다. 이것만은 철칙인데, 감사보다 불만이 훨씬 더 빨리 전염되어서, 현재 나는 행복한데도 그런 모임에 잠시만 속해 있다 보면 나도 모르게 예전에 겪었던 부정적인 경험과 감정이 되살아나면서 쉽게 동화되고 만다. 따라서 우선순위로 정리해야 할 관계는 부정적인, 불만이 많은, 나를 같이 끌어내리는 관계이다.

셋째, 건강한 관계 습관을 만들고 유지한다.

다이어트는 당장 몇 킬로그램을 감량했느냐가 끝이 아니다. 일차적인 목표가 될 수는 있겠지만 조금만 방심해도 수시로 찾아오는 요요 현상을 그때그때 다 막기에는 무리가 있다. 그보다는 근본적인 체질 개선을 통해 건강한 몸으로 평생 살찌지 않는 체질로 바꾸는 것이 최종 목표라 할 것이다.

관계도 지금 당장 겉으로 보이는 빈도가 줄었다고 해서 다이어트에 성공했다고 볼 수는 없다. 그보다는 실제적인 관계 의존도가 낮아진 상태를 평생 유지하는 것, 관계에 대한 부담감을 벗어나 자유로워지는 것이 최종 목표다. 자신을 관계로부터 분리하여 온전한 모습으로 잘 유지할 수 있다면 이후에 다양한 관계와 모임이 늘어나는 것은 오히려 환영할 만한 일이다.

관계 때문에 몸과 마음이 무겁다면 과감히 다이어트를 선언해 보자. 당장은 '그런 것 뭐 하러 하나'라는 마음 속 유혹과 다른 이들의 방해에 위축될 수도 있다. 그럴수록 당신은 다이어트가 필요한 사람이다. 애초에 다이어트가 필요 없다면 무거운 마음도, 유혹과 방해도 없다. 그동안 내가 무엇에 주로 의존하고 있었는지, 어떤 것을 끊기가 가장 어려운지, 무엇보다 가장 집중해야 할 관계가 무엇인지 하나하나 점검해 볼 때이다.

앞으로는 이러한 다이어트를 하지 않아도 되도록 관계 습관의 체질 자체를 개선하는 것이 최우선이다. 홀가분한 몸과 마음으로 언제 어디서나 온전한 나로 존재하며 편안하게 관계를 시작하고 유지할 힘을 기르는 것이다. 이제부터 관계는 '365일 다이어트 중'이 아닌 마음껏 누리는 '행복한 일상'이 된다.

관계 다이어트 3단계

1단계 : 일단 멀어져서 무게 덜어내기
2단계 : 우선순위를 정해 꼭 필요한 관계에만 집중하기
3단계 : 건강한 관계 습관으로 가볍게 유지하기

친근하되 적당한 거리 두기

어릴 적, 여자 친구들 사이에서 문득 피로감을 느끼는 때가 있었다. 친구끼리는 밥도 같이 먹고 공부도 같이해야 하고 화장실도 함께 간다. 남자 친구 이야기며 모든 비밀을 털어놓고 일기장까지 공유해서 비로소 단짝 친구가 완성되는 것이다.

나에게 단짝 친구가 없느냐 하면 그건 아니다. 나에게도 가장 친한 친구들이 있고 10년, 20년 된 그들과의 우정이 인생에 큰 힘이 되고 있다. 세월이 흘러 깨닫게 된 것은 내가 친한 친구들을 보면 대체로 그들도 나와 비슷한 생각을 한다는 것이다. 그렇기 때문에 우리가 친구가 될 수 있었다는 생각이 든다.

메이크업용 확대경을 사용해 본 적 있는가? 내 피부를 자세히 들여다보기 위해 구입한 10배 확대경은 진정한 신세계였다. 모공 하나하나의 생김새가 또렷하게 보이고 잔털의 흔들림까지 느껴질 정도다. 뾰루지를 짤 때, 보다 섬세한 피부 표현을 위해 사용하겠노라 기꺼이 구입했다. 그렇게 며칠 사용하던 어느 날, 전날 야근으로 무거운 몸을 일으켜 출근을 위해 거울을 본 순간 내 눈을 의심했다. 콧방울 근처의 모공이 10원짜리 동전만 하게 보였기 때문이다! 안 그래도 피로로 칙칙해진 얼굴에 모공마저 끝도 없이 늘어져 보였다. 이런 모공이라면 섬세한 피부 표현은커녕 화장품을 숟가락으로 퍼 담아야 할 판이다.

정신을 차리고 제일 먼저 한 것은 고개를 들고 일반거울을 본 것이다. 상반신이 모두 보이는 거울에서 나는 눈코입이 제자리에 잘 있는 평범한 모습이다.

지나치게 가까울 때는 전체를 보지 못한다. 한 사람을 이해한다는 것은 그의 존재를 전체로 인식하고 있는 그대로 받아들이는 것에서 시작한다. 부분만 보았을 때는 한 가지가 지나치게 확대되기도 하고 정작 중요한 부분은 보지 못하는 경우도 많다. 확대경으로 본 나는 전체로서의 내가 아닌 분화구 같은 모공이었다. 채워도 채울 수 없는 모공 같은 존재로만 보인다. 애초에 더 자세히 들여다보고자 한 시도는 방향을 잃고 자신의 부족함만 확인하는 것으로 끝나고 말았다.

인간관계에서도 마찬가지다. 지나치게 가까이하면 보이지 않는다. 가까워지겠노라 한 그 시도 자체는 나쁘지 않았다. 다만 실제보다 왜곡해서 보이는 '확대경'을 손에 들었을 때는 이야기가 달라진다. 아쉽게도 이러한 확대경은 장점 대신 단점만 더 크고 또렷하게 보여준다. 그래서 나와 상대방 모두 '적당한 거리'가 필요하다.

그렇다면 과연 무엇에 대해, 얼마만큼의 거리가 필요할까?

첫째, 내 감정을 전체로 볼 수 있는 정도의 거리다.

나와 내 감정은 오래전부터 밀착된 관계다. 아주 어린 시절부터 반복된 상황에서 비슷한 감정 반응을 되풀이하면서 나와 감정은 분리될 수 없는 하나로 인식하는 경우가 많다. 하지만 나와 감정은 엄연히 분리된 존재다. 별개의 것으로 관찰하고 조절할 수 있다는 뜻이다. 나와 감정이 하나일 때, 모든 감정 반응은 본능과 같이 느껴진다. '나는 원래 이런 사람이니까', '나도 모르게', '어쩔 수 없이' 반응한다고 믿는다.

감정은 내가 아니다. 순간순간 나의 일부가 되지만, 때에 따라 수시로 찾아드는 새로운 감정이 원래부터 하나로 존재하는 내가 될 수는 없다. 감정은 언제든지 변하고 그래서 원한다면 언제든지 조절할 수 있다.

내 감정도 빈틈없이 밀착되어 있으면 제대로 알기 어렵다. 작은 감정의 변화에도 나까지 휩쓸려 흔들리고 만다. 따라서 처음에는 의식적으로 나와 분리하는 연습부터 시작해야 한다. 일단 감정을 분리해놓기만 해도 거리감이 생긴다. 엉겨 있던 감정과 나를 분리해야 본래의 내 모습만 남길 수 있다. 감정은 그러한 나에게 언제든지 오갈 수 있는 제각기 다른 손님과 같기 때문이다.

둘째, 상대방을 전체로 볼 수 있는 정도의 거리다.

확대경을 들지 않은 상태에서 아무것에도 의존하지 않고 상대방을 전체로 볼 수 있는 정도면 된다. 내 아이를 품에 안고 있으면 여전히 아기 같고 한시도 놓을 수 없을 것처럼 느껴지지만 넓은 공원에서 뛰놀고 있는 모습을 보면 또 다른 느낌이다. 어느새 저렇게 자라서 힘차게 뛰어다니는지 새삼 놀랍고 감사하지 않던가.

상대방을 끌어안고만 있으면 한시도 내려놓기가 불안해진다. 행여 놓으면 그대로 놓쳐버릴까 걱정만 가득하다. 그 사람에겐 내가 없으면 안 된다며 어떻게 내려놓느냐 반문할 수도 있다. 과연 그럴까? 평생 그대로 끝까지 할 수 있다면 말릴 수는 없다. 하지만 언제까지나 안고 있기에는 어느 순간 너무 힘이 든다.

어떤 날은 나도 모르게 힘이 빠져 손안에서 놓치고 말았다. 큰일이 날 것만 같았는데 상대방은 너무나 편안하고 자유로워 보인다. 내가 끌어안고 있을 때보다 더 행복해 보이는 모습에 배신감마저 든다. 그것이 원래 상대방의 모습이다. 내가 안고 있을 때는 나와 하나가 되어 있다는 느낌에만 사로잡혀 알지 못했을 뿐이다.

상대방과는 손을 뻗어도 바로 잡히지 않는 정도의 거리가 좋다. 항상 연결되어 있어야 한다는 불안, 언제든지 기댈 수 있어야 한다는 의존, 어떻게 해서든 내가 원하는 대로 해주길 바라는 통제에서 벗어나 그 사람의 원래 모습 그대로를 보게 된다.

셋째, 상대방의 감정에 거리를 두어야 한다.

내가 나의 감정과 거리를 두듯 상대방의 감정을 불필요하게 떠안지 않도록 주의해야 한다. 상대방과 거리를 두는 것까지 성공했다 하더라도 다양한 감정 상황에서 상대방의 감정을 모두 내가 받아들이는 경우가 있다.

상대방의 감정은 나를 향한 것이 아니다. 상대방은 자신의 감정을 풀어내고 있을 뿐이다. 따라서 내가 받아주어야 하는 것이 아니다. 허공으로 풀려나가야 할 감정을 내가 중간에 가로채 버리면 그 감정이 나의 것과 뒤얽혀서 내 것인지 타인의 것인지 모르게 된다. 상대방과의 거리가 있다 하더라도 수시로 드나드는 감정과의 거리를 유지하지 못하면 상대방과 애써 유지한 거리가 무색해질 정도로 똑같은 상황을 반복한다.

마지막으로 덧붙이자면 '거리감을 둔다'는 것을 '멀어진다'며 오해하는 경우가 있다. 이것이 오해에 지나지 않는 것은 여기에서 거리감은 결국 더 가까워지기 위함이기 때문이다. '사랑하기 때문에 헤어지는 것'도 아니고 무슨 소리냐고 되물을 수도 있겠다.

감정과 감정이 얽혀있는 건 관계 측면에서 전혀 가까운 것이 아니다. 거리감이라는 것이 존재하지 않기 때문에 이를 가깝다고 느끼지도 못한다. 벗어나고 싶어도 벗어날 수 없는 굴레나 구속으로 여겨질 가능성이 더 크다. 이것은 다른 이들과의 관계뿐만 아니라 나와 나 자신과의 관계에서도 마찬가지다.

진정으로 가까워지려면 제대로 알아야 한다. 오해를 안고 붙어있으면 싸움밖에 되지 않는다. 운동 경기에서도 불리한 방향으로 격해지면 지켜보던 코치가 '타임아웃'을 선언하고 선수를 끌어내지 않던가.

각자의 코너에 앉아 물도 한잔 마시고 상처도 응급조치하면서 제대로 다시 시작할 준비를 하는 것과 마찬가지다.

나와 상대방을 온전한 모습으로 보아주는 것이 '친밀함'의 시작이다. 온전한 모습이란 겉으로 드러난 꾸며진 모습뿐만 아니라, 내 안에 원래부터 가지고 있던 본성을 가감 없이 드러낼 수 있다. 완벽하지 않아도 순수한 자신의 모습만으로 이미 완전하기 때문이다.

내가 내 감정을 온전히 바라볼 수 있는 곳에서, 상대방과 상대방의 감정을 있는 그대로 보아줄 수 있는 곳에서 진정한 친밀함이 시작된다. 이제 나의 삶에서 다음 라운드를 맞이할 준비가 되었다면, 새로운 관계를 향해 즐겁게 나가 보자.

관계에서 필요한 거리는 나와 상대방을 각각 완전한 전체 모습으로 볼 수 있는 만큼의 거리다. 너무 가까우면 일부분에 몰입하여 판단하게 되고, 너무 멀어도 흐릿하여 제내로 보지 못한다.
진정한 친근함이란 제대로 아는 것이 기본이다. 제대로 안다는 것은 서로를 온전히 볼 수 있는 데서 시작된다.

각자의 자리에서
건강하게 홀로서기

낮은 자존감이 두드러져 보일 때는 바로 다른 이들과 함께 관계 속에 있을 때다. 남들이 나에게만 특별히 뭐라 한 것도 아닌데 자꾸만 내 마음이 불편하고 그 자리가 버겁게 느껴지는 그곳이 바로 자존감의 영역이다.

낮은 자존감은 다른 이들과의 관계 속에서 자꾸만 먼저 무언가를 해야 한다고 속삭인다. 내가 하는 만큼 사랑받는 게 세상의 이치라며 가만히 있는 나를 자꾸만 부추긴다. 내키지 않는 마음으로 주저하며 애써 해보지만 주는 만큼 받고 싶은 내 마음은 아무도 몰라주는 것만 같다.

관계라는 말이 자꾸만 내가 아닌 상대방, 다른 이들부터 보게 하지만 가장 편안한 관계는 그 안의 모두가 각자 온전히 자신의 힘으로 각기 서 있는 모습이다. 누가 누구에게 기대거나 의존하고 누군가의 움직임에 나까지 따라가지 않아도 되는 상태.

나는 일단 내가 서 있는 자리, 나의 두 다리, 든든한 나의 존재를 느끼는 것이 시작이다. 처음에 휘청거리면서 누군가의 어깨에 손을 짚을 수도 있다. 마찬가지로 다른 이들이 나에게 기대오는 때도 있다. 그 어떤 것도 절대적으로 안 되고 되는 것은 없다. 때에 따라 자연스럽게 주고받을 수 있다.

　서로 적당하게 거리를 두고 너무 무겁지 않도록 각자의 무게를 가볍게 하는 것, 함께 있지만 무언가를 같이 하지 않아도 꼭 서로 이야기하지 않아도 된다. 상대방이 어떤 기분이든 그 기분에 휩쓸려 불편해질 이유가 없다. 잠시 불편해도 있는 그대로 받아들이면 다시 편안하게 나로 설 수 있다. 모든 것은 잠시뿐이다. 불편함은 금세 지나간다. 중요한 건 내가 내 자리를 지키고 기꺼이 서 있는 것, 진짜 나를 존중하며 내 자리의 품위를 지키는 것이다.

나와 상대방의 부족함을 인정한다

스스로에게 친절을 베풀기

싫으면 싫다고 당당하게 말하기

모든 일에 일일이 마음 쓰지 않는다

내가 선택하고 내가 책임지기

약점을 강점으로 활용하기

나에 대한 감사일기 쓰기

나에게 가장 좋은 것을 선물하기

4장

자유롭고 행복해지기 위한 8가지 자존감 훈련

나와 상대방의 부족함을 인정한다

개인의 타고난 성향을 너무나도 솔직하게 보여주는 '에니어그램'의 9가지 유형 중 나는 1번 유형에 속한다. 에니어그램은 개인을 9개 유형 중 1개로 규정짓기 위한 심리검사가 아니다. 오히려 단순한 형태부터 하나씩 보여주기 시작해서 마침내 가장 정교하고 완성된 자신의 진짜 모습을 보여주는 놀라운 인생의 지혜에 가깝다.

나를 예로 들자면, 1번 유형의 근간은 '완벽주의'다. 건강한 상태일 때는 누가 지켜보지 않아도 정직하게 최선을 다하고 다른 이들 또한 올바른 방향으로 이끌고자 하는 모습으로 나타난다. 반면 건강하지 못할 때는 완벽하기 위해 스스로를 괴롭히며 안간힘을 쓴다. 다른 이들은 물론 나를 둘러싼 모든 환경 속에서 계획에 차질이 생기는 것을 혐오한다. 조금이라도 원칙에 어긋난 것은 일일이 찾아내고 비판한다. 아무리 애를 써도 만족스럽지 못한 자신과 세상을 바라보며 좌절하고 비관에 빠지기도 쉽다.

이런 나는 누구보다도 더 '완벽함'에 대해 미치도록 고민해 본 적이 많을 수밖에 없다. 왜 아무리 노력해도 완벽에 다다르지 못하는가, 왜 자꾸만 부족한 모습만 보이는지 스스로가 싫어질 정도였으니 말이다.

대상이 누구이건 완벽함에 대한 기대는 모두를 순식간에 소진시키는 놀라운 위력을 발휘한다. 나에 대해 완벽함을 기대할 때 나는 매 순간 스스로를 자책한다. 분명히 최선을 다했음에도 불만에 사로잡혀 머리를 쥐어뜯고 잠시도 쉴 틈을 주지 않는다. 상대방에 대한 기대가 높아지는 것도 이때다. 내가 자신에게 만족하지 못한 만큼 그것을 고스란히 상대에게 돌려서 대신 채워주기를 바란다. 이때 상대방은 '기대'라는 이름의 시한폭탄을 안고 나와 같은 살얼음판을 걷게 된다. 폭탄은 언제 터질지 모른다. 딛고 있는 바닥이 꺼져 나락으로 떨어지는 것도 한순간이다.

단순하게 본다면 만족에는 두 가지 방법이 있다.

첫 번째 방법은 말 그대로 더없이 완벽해져서 끝장을 보는 것이다. 이 방법의 크나큰 함정은 신이 아닌 인간에게 애초에 완벽함이라는 것은 존재하지 않는다는 점이다. 우리는 타고나기를 '완전한' 존재이지만 티끌 하나, 흠 하나 없이 '완벽한' 존재일 수는 없다. 완벽해야 완전한 것으로 오해하기 때문에 인간이 괴로워지는 것이다. 두 번째 방법은 스스로에 대한 기대를 낮추는 것이다. 기대를 낮춰서 지금 가진 것의 상대적인 크기를 키우면 된다. 나에 대한 기대를 낮추는 것은 구체적으로 무엇을 어떻게 하는 걸까?

첫째, 스스로를 용서하고 있는 그대로 받아들이는 것이다.

내가 만든 기준에 내가 다다르지 못한다고 나를 미워한다면 나는 나에게 영원한 적이 된다. 내가 나를 미워하는 한 그 누구도 진정으로 사랑할 수 없다. 흔히 사랑은 '모든 것을 감싸준다'고 하지 않는가. 그 모든 것에는 당연히 나도 포함된다. 나부터 사랑하지 않고서 누군가에게 사랑을 고백해도 그것은 사랑이 아니다.

이러한 용서는 어떻게 할까? 용서는 지은 죄나 잘못을 꾸짖지 않고 덮어주는 것이라 사전적으로 정의한다. 다시 말해 있는 그대로 받아들이는 것이다. 하나하나 따져 묻는 것은 취조이고 잘잘못을 가리기 위함이지 용서가 아니다. 일단 용서하기로 한다면 흔히 말하듯 '묻지도 않고 따지지도 않고' 다시 시작하면 된다. 새로운 기회를 주는 것이다. 그러면서 과거를 교훈 삼아 하나씩 바로잡아 간다. 용서는 어디까지나 순서가 중요하다.

나를 용서하는 과정도 이와 같다. 내가 이제까지 왜 그랬는지 지금 당장 따져 묻기보다는 일단 경험적으로 알고 있는 나의 모든 것들을 그대로 받아들인다. 내가 이런 모양의 사람임을 인정하고 한 번 더 새로운 기회를 준다. 전혀 의심하지 않고, 순수하게. '예전에 이런 적이 있으니까 보나 마나 또 그럴 거야' 식으로는 아무것도 변하지 않는다. '처음처럼' 시작할 기회를 주겠노라 선포하자.

둘째, 언제 어디서 누구에게나 배울 점이 있다고 여긴다.

나에 대한 높은 기대로 자신에게 실망하면서도 그 내밀한 속내는 이중적이다. 그래도 이렇게 완벽을 추구하는 내가 아무것도 하지 않는 다른 이들보다 우월하다는 느낌이다. 우월감은 낮은 자존감이 괴로움 속에서 찾아낸 일그러진 만족감이다. 자존감이 뒷받침되지 못할 때 '나는 내가 좋아'라고 하는 뒷면에는 '그들에 비하면'이라는 차마 말할 수 없는 전제가 붙는다. 겉으로 볼 때는 자신을 사랑하고 자존감이 높은 것으로 포장할 수 있지만 뜯어보면 내용물은 자라다 말고 상하고 비틀어진 식물과도 같다.

진정한 자존감은 나를 용납하고 내가 가지지 않은 새로운 것을 용납한다. 내가 가진 것 중에 그나마 괜찮아 보이는 하나만을 골라 나를 대표하는 양 보여주는 우월감으로 자신에게 장난을 치지 않는다. 나에게 없는 것에는 칭찬과 찬사도 아낌없이 보내고 내 것으로 만들겠다는 순수함도 그대로 보여준다. '저런 건 별거 아냐' 식의 '신포도' 대신 '어떻게 하셨나요?' 질문하고 도움을 구할 수 있다.

이미 나에게 있는 것이라 해도 서로 격려하고 함께 갈 수 있다. 우월감은 당장 옆 사람보다 한발이라도 앞서기를 원하지만 진정한 자존감은 힘을 합쳐 어제의 기록을 뛰어넘는 데 있다. 우월감의 기준은 옆 사람의 기록이고, 완벽주의의 기준은 존재하지 않는 기록이며, 자존감의 기준은 어제의 나이다.

셋째, 실수를 실수로 받아들이고 다시 일어설 기회를 준다.

지금의 나를 있는 그대로 받아들이고 새로운 기회를 준다고 그럴싸하게 이야기했다. 그러다가 조금의 실수라도 생겼을 때 '역시나 그럴 줄 알았다'며 실망하고 좌절한다면? 혹은 '기회를 주었으면 이번에는 제대로 되어야 할 것 아니냐'며 분노한다면? 이것은 진정한 의미의 기회가 아니다. 낮은 자존감이 던져 놓은 기회를 가장한 또 다른 '시험'일 뿐이다.

더 큰 자아는 실수해도 다시 기회를 준다. 다시 기회를 얻는 것이 부끄러운 일이 아니며 당연한 것으로 여긴다. 물론 처음부터 실수를 예상하고 아무렇게나 대충한다면 이야기는 다르다. 그건 실수가 아니다. 예상된 실수는 기만이고 눈속임이다. 자신과 모두를 속이는 것이다. 실수는 분명 의도와 관계없는 일이 발생했을 경우에만 해당한다. 앞서 우리는 실수를 실패로 받아들이지 않기로 약속했다. 실패는 더 이상 존재하지 않는다. 새로 시작하면서 실수는 얼마든지 만회할 수 있다.

마찬가지로 상대방에 대한 기대를 낮추는 것도 크게 다르지 않다.

첫째, 나를 있는 그대로 받아들였듯, 상대방도 있는 그대로 받아들인다.

나를 있는 그대로 받아들인다면 상대방을 받아들이기는 오히려 쉽다. 자존감이 낮은 경우 관계에 가장 큰 장벽이 되는 것은 자신을 제대로 보지 못하는 것이기 때문이다. 그래서 자신에 대한 기대를 낮추고 스스로에 대한 만족감이 올라갈 때, 상대방에 대한 포용력은 자연히 더 커진다.

있는 그대로의 모습을 받아들이면 누가 가장 좋을까? 말할 것도 없이 나 자신이다. 상대방의 부담이 줄어드니 그쪽이 더 좋은 게 아니냐고 할 수도 있지만 애초에 상대방은 나와 같지 않았다. 나와 똑같은 상태의 사람이 아니었다면, 자신의 모습을 보여주는 것은 매우 자연스러운 일이었을 것이다. 다만 받아들이는 내가 원래의 모습과 다르게 이리저리 다른 모양을 만들어가며 혼란을 불러왔다. 그래서 내가 상대방을 있는 그대로 받아들일 때 서로 막힘없는 소통으로 긍정적인 변화가 나타난다. 신기하지 않은가? 이전에는 그토록 바꾸고 싶었던 상대방을 있는 그대로 받아들이자 원하던 모습으로 변화하는 것이다.

둘째, 상대방의 친절과 호의를 감사로 받는다.

높은 기대에는 그 무엇을 갖다 줘도 여전히 부족함만 보인다. 금반지를 선물하면 다이아몬드를 가진 친구와 비교하고, 장미꽃 한 다발을 가져오면 장미 정원을 가진 이웃집과 비교한다. 세상 모두를 다 가져다준다 해도 여전히 부족한 한 가지를 저울에 달아보려 할 것이다.

기대를 낮추는 순간, 상대방의 모든 친절과 호의가 감사로 다가온다. 저울이 없으니 모든 것은 '무에서 유'를 창조하는 것만큼 귀하고 놀라운 일이다. 여전히 낮은 자아가 '그럼 아무것이나 가져다줘도 다 좋아해야 하는 것인가?'라고 힘겹게 묻는다면 힘들어하는 이마를 쓸어주며 이렇게 대답하면 된다. '이 작은 꽃 한 송이에 내가 예전에 그토록 얻고자 했지만, 손에 잡히지 않던 온 마음이 담겨 있는 것'이라고 말이다. 그때야말로 세상 무엇이든 바쳐서라도 얻으려 했으면서 이제 와서 모른 척하다니. 안될 말이다.

셋째, 상대방의 성장을 진심으로 응원하게 된다.

더 이상 비교하지 않으니 상대방의 성장은 그 자체로 놀라움이고 응원을 부른다. 작은 우월감의 연못에서 벗어나 함께 큰 바다로 향하는 이들은 서로를 응원할 수밖에 없다. 그가 있어서 망망대해도 동네 개울처럼 친근해지지 않았는가. 바다에 혼자 있으면 표류하기 쉽지만 서로 응원하면 방향을 잃지 않고 더 크게 멀리 나아간다. 나의 자아도 함께 성장하고 결국 해낸다는 자존감이 올라간다.

한눈에 보이는 연못 속에서는 성장을 멈춘다. 아무리 자란다 한들 연못의 크기를 넘지 못한다. 진정한 관계는 더 큰물로 이끈다. 나도 할 수 있고 너도 할 수 있다고 힘을 실어주고 싶다. 끝없는 바다에서는 끝없이 성장할 수 있다. 나의 한계도 너의 한계도 그 무엇의 한계도 더 이상 존재하지 않는다.

기대하지 않은 것을 받으면 선물이지만 기대한 만큼 받고자 하면 빚쟁이가 된다. 매일 빚을 갚기 위해 산다면 얼마나 지겨울 것인가. 날마다 선물을 받게 된다면 매일 아침 기대에 찰 것이다. 날마다 새로운 선물을 받고 싶다면, 기대가 만든 관계의 높은 담을 헐어버리자. 서로를 마주 보고 같은 곳을 보며 더 큰 바다로 나아갈 때다.

자존감의 시작은 나를 포함하여 누구든 있는 그대로 각자의 것을 존중하는 것이다. 존중한다는 것은 있는 그대로를 인정하는 것이다. 여기에는 풍족함이나 부족함 모두가 포함된다.

　풍족함을 받아들이는 것은 그리 어렵지 않다. 보다 실제적인 행동을 원한다면 부족함을 있는 그대로 받아들이는 것부터 하면 된다. 이는 끝없는 기대, 완벽함에 대한 기준 대신 지금 이 순간을 이해하는 행동이기 때문이다.

스스로에게 친절을 베풀기

나처럼 마케팅 리서치 회사에서 일했던 P의 이야기다. P는 이직하기 전 나를 만나 감정코칭을 받은 후 자신에게 더 잘 맞는 다른 곳으로 이직하여 새로운 삶을 살고 있다. 퇴사 전 P의 상황은 이랬다. 그는 오늘도 남에게 친절하느라 손가락 하나 까딱할 힘이 없다. 마케팅 리서치 컨설턴트로 일하는 동안 수많은 클라이언트를 만나 그들의 요구를 들어주고 모든 것을 맞춰서 생각하다 보면 어느 순간 멍해질 때가 있다. 주로 퇴근 후 혼자 집에 있을 때다. 온종일 친절하고 생기 있게 한 명 한 명을 대하다가 정작 나는 물 한 잔 제대로 마시지 못한 채 굶주린 배를 안고 집으로 돌아와 신발만 벗고 그대로 누워버렸다.

냉장고를 열어 주섬주섬 손에 잡히는 대로 꺼내 먹고 간신히 기운을 차려본다. 남은 힘을 모두 짜내어 샤워하고 눕자마자 바로 꿈나라로 직행이다. 아까는 그리도 잘 웃고 이야기했지만 정작 혼자서는 무표정과 침묵으로 경직되어 있다. 그리고 내일도 다른 이들에게 친절하라고 스스로를 몰아세울 참이다.

이래서야 자존감은커녕 어디 제대로 숨이나 쉬겠는가. P와 같이 오늘부터 우리는 스스로에게 공평해지기로 한다. 친절함의 총량이 100이라면 나와 다른 이들이 공평하게 50대 50으로 나누어 가진다. 이제까지 80대 20 또는 90대 10과 같은 노예계약에 묶여있었다면 오늘부터는 해방이다. 앞으로는 무조건 50대 50이다.

스스로에게 친절을 베푸는 방법은 무엇일까? 우리는 평소 다른 이들에게 친절하라고 수없이 반복해서 배웠다. 학습의 결과로 어떻게 하는 것이 친절인지를 잘 안다. 스스로에게 친절을 베푸는 것이 아직 익숙지 않다면 우선 다른 이들에게 친절했던 기억들을 모아보면 쉽게 알 수 있다.

첫째, 상대방의 필요에 민감하다.

쉽게 말해 눈치, 좋게 말해 센스가 뛰어날수록 친절하다는 이야기를 자주 듣는다. 상대방이 원하는 것을 알려주지 않아도 미리 또는 알아서 필요할 때 지체 없이 준비해 준다.

둘째, 상대방이 어려움에 처했을 때 기꺼이 도와준다.

언제 어디서든 발 벗고 나서는 게 바로 친절이다. 말로만 하지 않고 행동으로 적극적으로 나서서 즉각적으로 처리한다.

셋째, 상대방이 실수해도 탓하지 않는다.

웬만한 것은 그냥 그러려니 한다. 식당에서 손이 미끄러져 컵을 깼을 때 당황하는 나에게 식당 주인이 빠르게 다가와 깨진 조각을 치워준다. 그리고 '죄송해요'라는 나의 말에 별것 아니라는 듯이 '괜찮아요. 그럴 수도 있죠'라고 하는 모습을 상상해 보라.

넷째, 나에게 돌아올 것을 계산하지 않는다.

위의 세 가지를 다하고 나서 "도합 100만 원입니다"라고 이야기한다든지, 돈을 쥐여주는 순간부터 발휘되는 것들이라면 친절이 아닌 '대가'다. 그래서 친절은 대가를 구하지 않을 때 완성된다.

여기까지 쉽게 정리되었다면 하나하나 나에게 적용해 보면 된다.

첫째, 내가 원하는 것에 집중한다.

무언가 내가 원하는 것이 떠올랐다면 그것을 그대로 들어준다. '왜 그것을 원하는지' 논리적으로 이해가 되어야 하는 것이 아니다. 때로는 어린아이 같고 말도 안 되는 것 같을지라도 일단은 원하는 것을 하도록 해준다. 그러면 그 과정에서 자신이 이것을 왜 원했는지 차츰 이해하게 되고 스스로 필요한 깨달음을 얻는다.

시도도 해보기 전에 이유를 대야 한다고 다그치면 할 말을 잃고 다음으로 자꾸만 미루고 싶다. 당시에는 전혀 이해되지 않던 내 생각과 느낌이 지나고 보면 큰 그림을 이루고 결정적인 계기가 된 경우는 무수히 많다. 오히려 처음의 작은 시도가 나중에 겪게 될 큰 문제를 예방하는 백신이 되기도 한다. 내 생각과 감정의 욕구를 적극적으로 알아차리는 센스가 필요하다.

둘째, 내가 힘들다고 느낄 때 즉시 도움을 준다.

어디까지나 우선순위의 문제다. 나의 몸과 마음은 다양한 방법으로 신호를 보낸다. 열이 나거나 온몸이 뭉치고 항상 피로가 풀리지 않은 듯한 상태. 피하고 싶고 숨고 싶고 아무것도 하고 싶지 않은 상태. 어느 것이든 내 몸과 마음이 도움을 필요로 한다는 신호이다.

처음엔 외부의 강한 자극에 밀려 이러한 신호를 감지하기 어려울 수도 있다. 그래서 때때로 외부의 자극을 차단하고 고용한 상태에서 내 몸의 신호를 읽어줄 필요가 있다. 이것은 숙련되는 기술과 같아서 반복할수록 더 작은 자극도 민감하게 알아차리는 정교함이 생긴다.

반면, 여전히 외부의 강한 자극에 휩싸여 자신이 보내는 신호를 알아차리지 못한다면, 혹은 알고는 있지만, 코앞의 일들로 순위가 밀릴 수도 있다. 어쩌다 한두 번은 그렇다 치자. 문제는 이러한 일들이 반복해서 나타났을 때다. 신호는 무시할수록 형체를 바꿔간다. 갈수록 알아차리기가 힘들어진다. 그래서 처음부터, 아니 지금부터라도 고요한 상태에서 내 몸과 마음의 신호를 읽으려는 노력을 시작해야 한다. 포기하지 말고 조금씩 규칙적으로 말이다.

셋째, 실수해도 자책하지 않는다.

'괜찮아요. 그럴 수도 있죠'는 나에게도 그대로 적용한다. '어떡하지? 또 실수해 버렸네. 아, 이 바보, 멍청이, 찌질이.' 이러한 마음의 소리에 해주어야 할 단 한마디.

"괜찮아. 그럴 수도 있지."

이 말 한마디면 충분하다. 덧붙일 필요 없다. '그래도 뭔가 좋은 말을 더 해주어야 하는 것 아닌가?' 그렇지 않다. 덧붙이면 잔소리다. 한마디면 충분하다.

넷째, 또 다른 의무를 부여하지 않는다.

기껏 친절하게 잘 해주고는 마지막에 조건이 생긴다면 무슨 소용이 있겠는가.

'이제 다시는 이러기 없기!'

'누구나 부러워하는 내가 되기!'

'더 사랑스러워지기!'

SNS를 수놓는 많은 사진과 글들이 스스로를 아주아주 예쁘게 토닥토닥 하다가 마지막에 꼭 저런 조건을 붙이고야 만다. 친절은 어디까지나 그것으로 끝이다.

정 무언가를 덧붙이고 싶다면 이 역시 딱 한마디뿐이다.

"고마워!"

내가 나에게 친절을 받았다. 오직 해야 할 것은 '감사'뿐이다. 이것으로 충분하다.

나에 대한 친절이 어색하고 힘들었다면 방법을 모른다기보다는 다른 사람만을 향해 있어 익숙하지 않은 탓이다. 방향만 돌리면 모든 것은 동일하다. 친절함을 입은 사람이 할 수 있는 것은 '감사하는 것'뿐이다. 친절을 베푼 이 또한 아무것도 기대한 것은 아니지만 '감사'를 받는 순간 친절을 베푼 자신을 더욱 존경하고 사랑하게 된다.

나도 나에게 친절을 베풀 수 있다. 나도 나에게 감사를 전할 수 있다. 내가 나에게 감사할 때 나를 더욱 존경하고 사랑하게 된다. 자존감의 비결이 여기에 담겨 있다. 친절을 베풀 수 있는 사람은 '큰 사람'이다. 이는 남에게 베푸는 친절에만 해당되지 않는다. 나 또한 나에게 친절을 베풀수록 더 '큰 사람'이 될 수 있다. 오늘부터 나에게 친절한 더 큰 나로 존경과 사랑을 받아보면 어떨까.

다른 사람에게 친절하고 베풀어야 착한 사람인 줄만 알았다. 알고 보면 남에게만 친절했던 사람은 다른 이들이 나에게 똑같이 친절하지 않으면 좌절한다. 애초에 그 친절은 나로부터 시작하는 것이다. 나를 빼놓은 친절은 상대적으로 이를 지켜보는 나에게는 철저한 무시와 폭력이 된다.

이제 다른 이에게만 친절했던 똑같은 방식으로 나에게 먼저 친절을 베풀어 보자. 친절을 입은 이의 감사가 나의 자아를 더욱 크고 건강하게 한다. 내가 나에게 친절을 베풀고 감사를 듣는 것도 똑같다. 나에게 친절을 베풀고 존경과 사랑을 받는 것이 더 큰 나, 진정으로 착한 사람이다.

셋,

싫으면 싫다고 당당하게 말하기

사회 초년생 시절 술을 잘 못 마시는 나에게 회식은 곤욕이었다. 요즘은 그런 일이 드물지만, 15년 전이라 지금과는 사뭇 다른 분위기였다. 1차는 서운하고 2차는 아쉽고 3차 정도는 되어야 오늘 '회식 좀 했다' 소리를 듣는 것이다. 1차만 하면 회식이 아니다. 10시, 11시에 끝나도 그냥 저녁만 먹은 거다. 회식이 싫다는 말은 아예 꺼낼 생각도 못했다. 가만이나 있으면 다행인데, 그것조차 견디지 못하고 '와! 신나요! 좋아요!'라고 추임새나 넣고 있는 내가 영혼 없는 로봇처럼 느껴지기도 했다.

문제는 정말 내가 술을 못 마신다는 데 있다. 신나고 좋다고 했으면 잘 마셔야 할 텐데, 한 잔만 마셔도 얼굴이 불타오르는 것은 물론 온몸에서 수십 개의 심장이 동시에 뛰는 소리가 들릴 정도였다.

돌아오는 술잔에 여전히 웃으면서 '제가 술을 잘 못 마셔요'라고 하니 다들 농담인 줄 안다. '얼굴이 빨개진 것은 체질일 뿐이다. 그런 사람이 오히려 더 잘 마시더라', '더 많이 마시면 얼굴이 하얘진다'며 부추기기에 여념이 없다. 여전히 웃으면서 '진짠데요'라고 한들 누구 하나 귀담아 듣지 않는다.

　나는 소위 말하는 '사회성 좋은', '둥글둥글한' 직원이 되고 싶었다. '술도 잘 마시고 일도 잘한다' 고 하면 나무랄 데 없다고 믿었다. '그래야만 할 것 같았다'는 게 진심이다. 다른 동료가 상사와 더 가깝게 이야기하는 모습을 보면 '쟤는 술도 잘 마시니까 통하는 이야기도 많은가 보네. 지난번 회식 때도 3차 끝까지 남았다고 하더니'라며 술 핑계를 대곤 했다. 회식 다음 날 동료들끼리 소곤거리기만 하면 '어제 회식 때 재밌었나 보다. 더 친해졌나봐'라고 하며 풀이 죽었다. '내가 술을 못 마셔서 사람 사귀기가 힘들다'며 애꿎은 체질 탓, 집안 내력을 탓하기도 했다.

　문제는 술이 아니었다. 나는 크게 오해하고 있었다. 내가 진정으로 원한 것은 술을 잘 마시는 게 아니었다. 상사와 동료들과 더 많이 대화하고 친해지고 싶은 거였다. 진정 원하는 것을 제대로 알아보지도 못하고 겉으로 보이는 술에 핑계를 대고 있었다. 오히려 술은 단호히 거절하는 대신 상대방에 대한 관심을 더 보였다든지, 혹은 차를 한잔 마시거나 작은 간식을 나누면서 일상적인 대화로 물꼬를 트는 방법도 있었을 것이다. 아니면 아예 대놓고 친해지자고 큰 소리로 고백하던지.

　싫은 건 싫다고 해야 한다. 안 그러면 몸도 마음도 제 갈 길을 잃는다. 하기 싫은 일을 하면 몸이 힘들 뿐만 아니라 스스로 학대하는 마음 상태가 된다. 어쩔 수 없이 끌려간다는 생각에 부정적인 감정에 휩쓸릴 가능성이 크다. 싫은데 하고, 하는데 싫다. 오락가락하는 가운데 급기야 정말 싫은 게 맞는지, 계속하는 걸 보니 좋아하는 것 같다고 내 마음의 판단이 흐려질 지경이다.

몰라서 못하는 경우는 거의 없다. 대부분 '알지만 안 하고, 못 하는' 것이다. 왜 그런가? 그 배경에 싫어도 해야 하는 '무언가'의 지배를 받고 있기 때문이다. 내가 싫어도 술을 마셨던 것처럼 '친해지고 싶다', '능력 있는 직원으로 인정받고 싶다'와 같은 것들이다.

"너는 왜 거절을 못 하니?"

"나를 싫어할까 봐."

'사랑받고 싶다'는 욕구가 제대로 된 길을 찾지 못하고 엉뚱한 곳을 자극하고 있다. '거절=싫다=사랑받지 못함'이 반복되면서 '거절=사랑받지 못함'으로 공식화되었다.

왜 이런 공식이 생겼을까? 어디까지나 자신의 기준 때문이다. 낮은 자존감은 거절당하는 즉시 쉽게 좌절과 자기 비난의 늪으로 빠진다. 상대방에 대해 표현하지 못할 분노로 변하는 경우도 흔하다. 언제나 거절에 대한 두려움을 안고 살아간다. 자신의 기준을 그대로 적용하고 보니 상대방도 거절당하면 엄청난 충격을 받아 자신을 싫어할 것이 틀림없다고 믿기에 이른다.

자존감을 회복하면 알게 되는 놀라운 비밀이 하나 있다. 그것은 많은 사람들이 거절을 그냥 일시적인 것으로 받아들이고 만다는 점이다. 우리가 이제부터 연습하게 되는 '그래서 뭐?', '아니면 말고!' 같은 것들이 그들에겐 이미 일상적이라는 것이다. 예전의 나는 다들 나와 같은 줄만 알아서 그렇게 매번 위축되어 있었다. 이제 모두에게 공개한 이 비밀을 마음껏 활용해 볼 시간이다.

첫째, 거절당해도 괜찮다.

거절하는 것은 내 의견이지 내 존재 자체가 아니다. 만약 내 존재를 거절하는 이가 있다면 나도 그의 존재를 받아들이지 않으면 된다. 기본적으로 내 존재는 거절당하는 일이 없다.

둘째, 거절해도 괜찮다.

나 또한 상대방의 의견을 거절할 뿐 존재 자체를 무시하지 않는다. 나에게 그런 의도가 없다면 상대방도 그렇게 느끼지 않는다. 만약 나의 의도와 관계없이 상대방이 그렇게 느꼈다고 하면 그에게서 자존감 낮은 과거의 내 모습을 돌아보는 기회로 삼자. 상대의 기분은 내 탓이 아니다.

셋째, 싫으면 싫다고 반드시 이야기한다.

싫다는 이야기를 못 해서 그 상황을 피하거나 우연을 가장하여 모면하기도 한다. 당시에는 그냥 넘어갈 수 있었다. 하지만 이는 요행일 뿐 언제까지나 피할 수만은 없다. 싫으면 싫다고 반드시 이야기한다.

정면으로 마주하지 않고는 방법이 없다. '이 정도면 알아주겠지' 같은 건 통하지 않는다. 말하지 않으면 모른다. 좋아하는 줄 알고 또다시 반복한다.

　괜찮은 척은 하는 이도 보는 이도 모두 불편하다. 억지로 한 일은 기대만큼 결과를 얻기도 어렵다. 설령 겉으로 좋아 보여도 그 안은 너와 내가 모두 상처투성이다. 이런 상처를 피하겠다고 도망치고 숨는 것도 한두 번이다.

　상대방과 나 사이에 세상에서 가장 어려워 보이는 '거절'이 자리하고 있다면 이제부터 이런 상상을 해보자. 거절은 '둘이서 말랑말랑한 공 하나를 주고받는 놀이'라고 말이다. 상대방과 내가 마주앉아 거절이라는 작은 공 하나를 주고받고 있다. 한사람이 계속 가지고 있는 것이 아니다. 주고받고, 받고 또 준다. 거리에 따라서 멀리 던지고 받기도 하고, 바로 옆에서 건네주기도 한다.

　거절은 그런 것이다. 긴장하며 기다렸다가 큰소리를 내며 힘주어 던지지 않아도 된다. 가끔은 던지는 타이밍이 안 맞거나 방향이 흐트러져 상대방의 몸에 닿을 수도 있다. 아프지 않을 것이다. 거절은 말랑말랑한 공이다. 한두 번 어긋나도 기분 좋게 다시 원래의 흐름을 찾을 수 있을 만큼 쉬운 놀이다. 거절이 전부가 아니다. 중요한 건 우리가 의사를 성숙하게 주고받고 있다는 점이다.

하기 싫은 일을 하는 건 몸도 마음도 모두 힘들다. 그럼에도 거절하지 못하는 이유는 자신이 거절당할 때의 느낌을 기준으로 볼 때 엄청난 일이라고 여기기 때문이다. 거절에 엄청난 의미를 두고 있으니 하는 것도 힘들고 무거운 일이 된다. 하지만 모두가 나와 같이 거절당하는 것을 대단하게 여기지는 않는다.

　거절은 나의 제안에 찬성하지 않는 것일 뿐이다. 나를 싫어하거나 원한이 있어 그러는 것이 아니다. 우리는 얼마든지 거절해도 된다. 거절당해도 그뿐이다.

넷,

모
든
일
에
일
일
이
마
음
쓰
지
않
는
다

갓 태어난 아기의 첫 일 년은 매 순간이 기적의 연속이다. 목도 가누지 못하고 새빨간 얼굴로 울기만 하던 아기가 제힘으로 서서 걷기까지의 과정은 이루 말할 수 없이 경이롭다. 첫돌이 다가오니 의미 있는 일을 해야 할 것만 부담감이 생기기 시작했다. 그래서 많은 이들이 돌잔치를 하나보다 싶어서 나도 인터넷으로 정보를 찾아보기 시작했다. 내 아기라고 못 해줄 이유가 뭐 있나 싶어서다.

처음의 의욕과 달리 알아볼수록 머리가 지끈거렸다. 유명한 곳은 백일 때부터 예약했다고도 하고, 손님을 맞이하려면 음식이며 프로그램도 있어야 했다. 엄마 아빠의 정성이 담긴 답례품이나 성장 동영상, 돌잡이 이벤트 같은 것도 필요하다. 입구에 전시할 스튜디오 사진도 찍어야 하고 현장을 찍어줄 사진작가도 비교하려면 온종일 들여다보

아야 할 판이다. 아기 옷은 한복이냐 정장이냐 등등 끝도 없었다. 간소
하게 치른 결혼 준비보다 더 신경 쓸 일이 많았다. 한참을 헤매다 문득
나에게 물었다.

"근데 이걸 왜 하는 건데?"
"잘 자라준 아기에게 추억도 남기고 도와주신 양가 부모님께 감사
인사를 드리고 싶어서."
"그럼 양가 직계가족 모셔서 밥 먹고 덕담 나누면서 사진 한 장 찍으
면 되잖아."

나는 지금 돌잔치의 옳고 그름에 대해 논하려는 게 아니다. '꼭 그렇
게 해야만 하는' 것은 없다. 전통이라 할지라도 각자의 형편과 상황에
맞게 얼마든지 조율할 수 있다. 기존의 정해진 형식도 그 자체가 전부
는 아니다. 거기엔 애초의 목적이 있다. 지켜야 할 것은 본래의 목적이
지, 세월에 변형된 껍데기가 아니다.
세상 모든 일 하나하나가 신경 쓰이는 이들이 있다. 내가 돌잔치를
순간적으로 결심하게 된 것처럼 갑작스러운 긴장감이 수시로 찾아온
다. 당시에는 모든 것들이 한 번에 압도할 만큼 커 보인다. 내가 직접
처리하지 않으면 잘못될 것만 같아 온 신경이 곤두서는 것이다.
세심하고 사려 깊은 것일 수도 있다. 내가 아닌 다른 이들을 위해,
이왕이면 더 좋은 것을 해주고 싶은 의도에서 비롯된다. 아름답고 귀
한 마음이다. 자연스럽게 나타나서 물 흐르듯 원래의 목적을 이루게

된다.

문제는 겉으로는 세심하고 사려 깊은 것으로 보이지만 실상은 전혀 자연스럽지 못할 때이다. '그렇게 해야만 한다'는 것에서 출발한 이 마음은 한 단계씩 거칠 때마다 해결해야 할 문제만 만난다. '내가 신경 쓰지 않으면 되는 일이 없다'는 생각에 하나하나 물을 거슬러 오르듯 힘겨워진다. 목적을 이루었다고 해도 '해야 하는 것을 했을 뿐' 더 이상의 만족은 어렵다. 큰 노력을 들이고도 허탈해진다.

학교 다닐 때 영어 시간에 외웠던 '관용구'들을 기억하는가? '너무 ~한 나머지 ~할 수 없다'라든가 '~하지 않으면 ~할 수 없다'와 같은 것들 말이다. 낮은 자존감의 이들에게 가장 익숙한 관용구는 무엇일까? 힌트는 바로 앞에 제시한 두 문장이다.

첫째, 너무 두려워한 나머지 선택을 할 수 없다.

모든 것을 다 해야 하는 것이 아니다. 기본 전제를 선택이 아닌 의무, '해야만 한다'로 시작하다 보니 선택 가능성은 애초에 배제되었다. 내가 하고 싶은 것을 떠올려 보기도 전에 해야 하는 것들에 내 에너지를 모두 사용해 버렸다. 정작 내가 하고 싶은 것을 찾았을 때 나는 더 이상 아무 힘도 남아있지 않아 포기하기 쉽다.

둘째, 내가 제대로 하지 않으면 원하는 것을 얻을 수 없다.

낮은 자존감은 조건 붙이기의 명수다. 무슨 일이든 조건을 붙이지 않고서는 견디질 못한다. 원하는 것을 얻으려면 내가 모든 것을 제대로 해야 한다는 조건이다. 내가 해야 얻을 수 있는 것은 맞다. 하지만 이들의 '제대로'는 어지간해서는 충족시킬 수 없다.

　원하는 것을 얻지 못했을 때도 제대로 하지 못했다는 자괴감에 휩싸인다. 그래서 자꾸만 통제하고자 한다. 제대로 되는 것을 방해하는 변수를 제거하려면 모든 것이 내 통제 범위에 있이야 한다. 통제를 벗어나면 즉시 불안감에 빠지고 다음 순간 여지없이 실패로 여긴다.

　이러한 관용구의 미로에서 벗어나는 방법은 '선택과 집중'이다. 흔하게 들어본 말이라 별다른 감흥이 들지 않는가? 의외로 실행하는 이는 소수에 불과하다. 선택이 어려운 사람은 집중할 수 없기 때문이다. 선택만 하다가 끝나는 이들도 부지기수다. 만족스러운 선택은 했지만 집중하지 못해 흐지부지된 일이 얼마나 많은가. 특히 낮은 자존감의 이들에게는 절대적으로 필요한 방법이다.

　선택하라. 의도적으로. 내가 다해야 할 것 같은 느낌과 상황을 의식하지 말고 의도적으로 내가 가장 원하는 것 하나만 선택하는 훈련이다. 이것도 좋고 저것도 좋은 멀티태스킹은 낮은 자존감엔 취약이다. 무조건 단 하나만 선택하는 것으로 시작한다. 선택 자체도 훈련이지만 한 가지에 모든 것을 걸어야 할 때 엄습할 불안감에 익숙해지기 위함이다.

　집중하라. 모든 것을 잊고. 선택에 조건이나 변명을 달지 않고 미련을 남기지 않는다. 선택은 끝났고 이제는 그 외에는 모든 것이 존재하지 않는 것처럼 집중하면 된다. 그냥 적당히 두루두루 다 하는 것은 익숙한 핑계고 보기 좋은 허울이다. 불안한 마음이 얹어주는 자질구레한 부담감에 지나지 않는다. 또 다른 굴레에 스스로를 묶고 싶지 않으면 선택한 한 가지 외에 모든 것은 잊어라.

무엇보다 좋은 방법은 이제까지 상상도 해본 적 없는 가장 큰 목표를 선택하는 것이다. 기존의 낮은 자존감은 익숙하고 편안한 도달 가능한 목표만을 반복해서 설정하고 그 안에서 맴돌았다. 이제는 비교도 되지 않는 커다란 목표를 선택한다. 자연스럽게 그 외의 것들은 신경 쓸 겨를도 없어지고, 이를 이루고자 할 때 내 자아는 몇 배로 커질 수밖에 없다. 커진 자아가 받쳐주는 자존감이 높아지는 것은 말할 것도 없다.

나도 그랬다. 평생 책을 쓰고 싶다는 소망만 간직한 채 급하고 중요하지 않은 일상에 우선순위를 내주며 나를 뒤로 미뤄왔다. 그사이 원치 않는 크고 작은 상처로 자아는 갈수록 위축되었고 더 이상 희망이 없다고 포기할 즈음이었다. 이렇게 된 것 딱 한 번만 기회를 주기로 했다. 가장 하고 싶었던 한 가지, 평생 이룰 수 있을까에 대해 의심하며 미뤄온 것을 즉시 선택하고 집중한 것이다. 선택하고 집중하자 몇 개월 만에 책을 냈고, 지금도 계속해서 쓰고 있지 않은가. 평생의 숙제가 해결되자 더 이상 못할 것이 없었다. 자아가 커진 것이다. 나에게 기회를 주자 모든 것이 달라졌다.

모든 것에 일일이 신경 쓰고 있다면, 혹은 신경 써야 한다고 느낀다면 과민한 작은 자아가 힘겹게 꺼내는 이야기를 들어보자. 진정 원하는 것이 무엇인지 들여다볼 차례다. 두려움과 반복된 긴장이 익숙한 습관을 반복하려 한다면 이제 선택과 집중으로 더 큰 자아를 만나러 갈 시간이다.

일일이 마음 쓰지 않는 아주 단순한 비결은 가장 중요한 하나만 결정하고 여기에 완전히 집중하는 것이다. 그냥 신경 쓰지 말라고 하는 것으로는 멈출 길이 없다. 더 크게 집중할 일이 있으면 된다. 극단적으로 만약 집안에 큰 사고나 병이 났다고 하면 거기에 온통 매달리게 되지 않던가. 지금 중요한 것이 그게 아니기 때문이다.

이제까지 경험한 적 없는 큰 목표라면 집중하는 순간 다른 것에는 자연스럽게 마음이 떠나게 된다. 그렇게 한번 훈련이 되고 나면 이후로는 선택과 집중이 자연스러워진다. 그때의 홀가분한 느낌이 너무나도 좋기 때문이다. 그렇게 나에게 기회를 주며 살아보자.

내
가
선
택
하
고
내
가
책
임
지
기

　우리는 매일 매 순간 선택으로 살아간다. '탄생(Birth)과 죽음
(Death) 사이는 선택(Choice)'이라는 말도 있지 않은가. 태어나서 죽
을 때까지 일어난 모든 일은 선택의 연속이다. 사람들은 종종 과거를
돌아보며 '그때 그 선택을 하지 않았더라면'하는 후회를 하기도 한다.
그때마다 나는 의문이 들었다.

　'정말 그럴까?'

　"만약 다른 선택을 했다면 지금과 다른 삶을 살고 있을 것이다."

　언뜻 보아서는 일리 있는 말이다. 지금의 배우자가 아닌 다른 사람
을 선택했다면 더 화목하게 지냈을 것만 같고, 지금의 직장이 아닌 다

른 직장을 택했다면 더 나은 급여를 받았을 것 같다는 이야기도 듣는다. 그래서 자신이 지금 이런 배우자와 이 정도의 대우를 받으면서 일하고 있는 것은 그때의 선택 때문이라고 하는 것이다. 정말 그때의 선택 때문일까?

'감정코칭연구소' 스탭으로 일하고 있는 L코치는 외동딸로 홀어머니와 평생을 지내왔다. 어린 시절부터 알고 지냈지만, 실제적인 인연은 그녀가 스무 살 무렵, 나에게 진로에 관한 고민 상담을 요청하면서부터다. 평소 별다른 대화 없이 지낸 그녀가 도움을 요청한 것이 놀랍기도 하고 신기하기도 했다. 무엇보다 어린 나이에도 자신의 미래를 위해 도움이 될 만한 사람을 찾아 용기를 냈다는 것에 감동했다. 저녁 식사를 함께하며 시작된 인연이 15년이 지난 지금까지도 아름답게 이어지고 있다.

L코치는 경제적으로 넉넉한 편은 아니었다. 그런데도 두 모녀에게는 어두움이나 삶의 찌든 기색이 전혀 없었다. 꾸미지 않아도 우러나오는 밝은 웃음, 서로에 대한 큰 사랑으로 똘똘 뭉쳐 있는 엄마와 딸은 세상 누구보다 행복해 보였다. 나 또한 삶 자체로 지혜를 나눠주시는 어머님을 항상 존경하고 따랐다.

L코치 어머님은 몇 년 전 오랜 투병 끝에 하늘나라로 가셨다. 그분과의 마지막 통화가 아직도 귀에 생생하다. L코치가 전화기를 귀에 대드리고 나는 마지막 인사를 드렸다. 무엇보다 감사하다고. 사랑한다고. 천국에서 다시 만나자고 말이다.

어머니 간호를 위해 뒤늦게 들어간 대학도 기약 없이 휴학해야 했던 L코치는 언제나 나를 먼저 응원해주고 고맙다 한다. 별로 해 준 것도 없는 나는 그녀에게 항상 배운다. 그녀는 단 한 번도 자신의 상황에 대해 불평하지 않았다. 자신의 선택에 확신을 가지고 있는 그대로를 받아들였다. 덕분에 어떤 상황에서도 스스로 결정하고 책임질 줄 안다. 사소한 일부터 스스로 결정하고, 떳떳이 이야기하고 칭찬을 그대로 받아들인다.

　부족함이 있으면 부끄러워하기보다는 진심으로 도움을 구한다. 많은 이들이 두려움으로, 자격지심 때문에 숨어 있기 급급한 경우가 얼마나 많던가. 현재의 형편과 처지와 관계없이 언제 어디서나 주눅 들지 않고 자신의 의견을 찬찬히 밝히는 점이 그녀를 언제 어디서나 환히 돋보이도록 한다.

　스스로 먼저 깊이 생각하고 도움을 구하는 것은 이미 자신이 어떻게 성장할 것인지를 결정했다는 의미다. 어떤 부분에서 도움이 필요한지 알고 구하는 것이기에 도와주는 이도 집중하여 성의껏 도울 수 있다. 무턱대고 해달라는 법이 없고, 자신이 충분히 고민한 후에 이야기하니 때로는 그 깊이에 감탄하며 배울 때가 더 많다.

　그런 그녀가 다른 부모를 선택할 수 있었다면 그때로 돌아가겠다 할까? 전혀 그렇지 않다. 오히려 엄마와 함께 한 시간으로 얻은 깨달음을 나누며 희망을 주는 사람이 되고자 꿈을 키워가는 모습을 본다면 누구도 감히 의심할 수 없으리라. 세상에 홀로 선 그녀지만, 나는 그녀의 삶이 그리고 선택이 완전했음을 안다. 선택 때문이 아니라 그녀 덕분에 그 선택이 빛을 발하게 되었다. 나는 그녀의 삶 속에서 이미 보았다.

모든 것은 내가 선택한다. 핵심은 선택이 아닌 '나'에게 달려 있다. 그러니 선택 자체를 두려워하며 피할 필요는 전혀 없다. 무엇을 선택하든 내가 어떻게 받아 들이냐에 따라 얼마든지 원하는 결과를 얻을 수 있다.

작은 자아와 낮은 자존감이 지금 이 순간에도 선택을 주저하게 한다. 어떤 것을 골라야 내가 덜 상처받을지에 초점을 두다 보니 어느 쪽을 봐도 두려움뿐이다. 그래서 자꾸만 선택을 피하고 다른 이들에게 맡기려 한다. 차라리 누군가 대신 결정해서 '넌 이렇게 해!'라고 말해 줬으면 좋겠다고 말이다.

에릭슨의 '자아 정체감' 형성 이론에 따르면 위기(Crisis)와 헌신(Commitment)의 두 축으로 자아 정체감의 유형이 구분된다. 이중 'Commitment'라는 부분은 영어 해석 그대로의 의미가 중요한데, 내가 참고로 한 자료에서는 '실행'이라고 되어 있었지만, 단순히 그것으로는 부족한 느낌이다. 실행 중에서도 내가 신념을 가지고 기꺼이 행하는 의미이기 때문이다. 나의 선택이며 책임지는 태도라 하겠다. 그래서 나는 실행 대신 '헌신'이라 해석해 보았다.

위기가 왔을 때 헌신하면 위기를 해결하고 성취감을 얻는다. 위기는 왔는데 헌신하지 못하면 여전히 위기 상황에 머물러 있게 된다. 반면, 별다른 위기 없이 헌신한다고 해도 특별한 느낌은 없다. 단순한 반복이라고만 여겨진다. 마지막으로 위기도 없고 헌신도 없으면 아무 일도 일어나지 않고 아무것도 하지 않은 무기력한 상태 그대로 남을 뿐이다.

자존감은 누적된 성취 경험으로 성장한다. 성취 경험이 없으면 내 자아는 현재에 머물러 있을 수밖에 없다. 이런 의미에서 위기는 성취의 기회이다. 위기를 어떻게 맞이할 것인가를 내가 선택하고 책임을 다할 때, 믿음을 가지고 헌신할 때 성취를 맛보기 때문이다. '위기'라고 표현했지만, 이는 엄청난 사건 사고만을 의미하지는 않는다. 일상에서 위기는 사건이라기 보다 그에 앞선 갈등인 경우가 대부분이다. 선택 상황이라는 뜻이다.

나의 자아는 선택하고 책임지면서 성장한다. 선택해야 집중할 수 있고 집중해야 책임질 수 있다. 성취감은 이러한 '선택-집중-책임'을 통해 이루어진다. 무엇보다 내가 선택해야 한다. 남이 한 선택은 그의 몫이다. 내가 이뤄냈다고 해도 나의 성취감은 아니다. 특별함을 빼앗기는 것이다. 마찬가지로 내가 책임져야 내 것이다. 선택은 내가 했는데 남이 대신 이뤄준 것에는 성취감이 없다. 나는 여전히 과거의 나로 성장을 멈추고 머물러 있을 뿐이다.

이제 작은 자아의 두려움에 갇혀 있는 대신 먼저 선택하라. 선택 자체에는 아무런 영향이 없다. 그러니 스스로를 믿고 일단 기회를 주자. 선택으로는 아무런 평가를 받지 않는다. 부담 없이 지금의 내가 가장 원하는 것을 선택하면 그만이다. 선택으로 방향을 설정했다면 이미

50%는 이룬 셈이다. 남은 50%는 그 선택에 대해 책임지면 된다. 집중하면 당연히 이룬다. 집중할수록 빨리 더 크게 이룬다. 적어도 포기하지 않는 이상 모든 일은 결국 이루어진다. 그렇게 100%가 될 때, 온전한 나의 성취감이 자존감의 뿌리와 줄기를 튼튼하게 할 것이다. 지금 겉으로 드러나는 자존감이 작고 보잘것없어 보여도 뿌리와 줄기만 튼튼하면 얼마 지나지 않아 꽃이 피고 열매를 맺게 되어 있다. 우리는 '심은 대로 거둔다'는 아주 단순한 진리를 이미 알고 있다. 남은 것은 내가 직접 선택하여 그 씨앗을 뿌리는 일뿐이다.

자존감을 키우는 가장 쉬운 방법은 스스로 선택하는 훈련이다. 시작은 아주 작은 것부터. '딸기 우유를 먹을까, 초코 우유를 먹을까'처럼 매 순간 자신이 선택하고 그 결과를 책임지는 일에서 자존감의 기초가 형성된다. 여기에는 내가 선택했다는 성취감과 선택한 결과가 좋았다는 나에 대한 신뢰감이 함께 포함된다. 내가 선택해야 내 책임이다.

선택하지도 않은 일에 책임만 있다면 누구나 불만이 생긴다. 선택에 책임이 없다면 무의미한 방종에 불과하다. 내가 선택하고 내가 책임지는 단순한 훈련이야말로 자존감 훈련의 핵심이다.

약점을 강점으로 활용하기

나는 자타가 공인하는 몸치였다. 반박의 여지가 없다. 내 몸을 쓰는 것에 자신이 없었다. 큰 키에 힘없는 팔다리가 콤플렉스였다. 나를 처음 보는 이는 내가 달리기도 잘하고 공도 잘 다루는 민첩한 사람으로 여긴다. 나도 그 근거를 잘 몰랐으나 아무래도 평소 말과 표정에 힘이 있고 생기가 있으니 미루어 짐작한 듯싶다. 내심 그들의 착각이 고마워 인정도 부인도 못 하고 넘어간 적도 많았다.

이제 나는 자신 있게 이야기한다. 나는 내가 몸치임을 인정함으로써 콤플렉스를 탈출했다고. 인정도 부인도 하지 못하고 콤플렉스에 사로잡혀 있던 과거와는 정반대다. 과거의 나는 내 몸에 대해 알려고 하지도 않았고, 제대로 쓰는 방법도 몰랐다. 그것이 어떤 동작이나 행동을 하는데 두려움으로 작용한다. 이러한 과정이 반복되면서 '몸을 움직인다=남에게 웃기게 보일까 두렵다'는 감정 습관으로 자리 잡아 버렸다.

기회는 역설적으로 가장 몸을 움직이기 힘든 순간에 왔다. 임신을 하고 내 몸에 관심이 생긴 것이다. 하루가 다르게 무거워지는 몸을 느끼며 임산부요가를 시작했다. 배가 나온 임산부를 위한 요가는 기존 요가 동작 중에서도 쉽고 무리가 가지 않는 것들로 구성되어 있다. 그래서 처음 시작하는 나도 쉽게 따라 할 수 있었다.

유연하지 않은 몸도, 우스꽝스러워 보이는 내 자세도 임산부라는 이유로 모두 격려와 응원을 받는다. '몸도 무거운데 대단하다'며 서투른 몸짓에 칭찬을 받기 시작하자 갈수록 내 동작도 자신감이 붙었다. 얼마 후에는 스스로도 '아름답다'고 느끼는 순간이 찾아왔다. 예전과는 비교할 수 없는 변화다.

이제 와서 고백하자면 임산부가 아니었어도 내 동작은 크게 다르지 않았을 것이다. 다른 이들이 불룩한 배 때문에 동작의 제약을 받았다면, 나는 배가 나오지 않았어도 원래 그 정도밖에 되지 않아 오히려 임산부로서 제약이 느껴지지 않을 정도였다. 임신으로 무거워진 몸은 내 부족한 동작을 감춰주는 훌륭한 방패였고 그래서 더 마음껏 움직이게 해 주었다.

몸을 쓰면서 처음으로 경험한 행복한 경험이 출산 후에도 3개월 만에 다시 요가를 시작하게 했다. 이때도 마찬가지였다. 나는 이번에도 '산모'라는 기회를 마음껏 활용하며 응원받고 스스로를 칭찬하기에 이르렀던 것이다. 1년 가까이 지나자 누가 보아도 처음의 나와는 비교가 안 될 정도로 발전하게 되었다. 산모 찬스가 끝날 때 즈음에는 내 몸을 쓰는 기본적인 방법을 알기에 완벽하지 않아도 남에게 보이는 모습을 신경 쓰지 않고 동작에 집중하는 단계까지 온 것이다.

이제 몸치라는 약점은 '그럼에도 불구하고 몸을 제대로 쓸 수 있는' 장점이 되었다. 이제는 다른 이들에게 요가를 권하면서 내가 과거에 얼마나 몸치였는지를 강조하기에 이르렀다. 지금 내가 이 글을 쓰며 만천하에 공개하는 것처럼 말이다. 내가 만약 불안감으로 '안 그래도 몸치인데 임산부니까 더더욱 몸을 사려야지'라고만 생각했다면 아직도 몸치임을 숨기고 얼버무리기에 급급했을 것이다. '그럴싸해 보이는 나와 실제의 나는 정반대'라는 것에 자꾸만 신경이 쓰이고 탄로 날까 두려워하면서 말이다.

약점이 강점이 된다. 원래부터 잘하고, 부족함 없는 이가 깨닫지 못하는 중요한 과정을 거치기 때문이다. '약점을 있는 그대로 받아들이는 것', 이 과정을 거치는 것이 강점으로 변화하는 데 가장 중요한 단계이기 때문이다. 절대적으로 최고 수준이 되어야 강점인 것도 아니다. 약점을 받아들이고 더 이상 신경 쓰지 않고 즐기는 순간이 되면 지금까지의 그 과정과 경험 자체가 바로 강점이다.

강점은 남에게 보이는 기록이나 평가받는 점수로 결정되지 않는다. 핵심은 약점으로 위축되어 있던 내가 얼마나 그것으로부터 자유로워졌는가에 달려있다. 자유롭게 즐기면서 드러나는 기록이나 점수는 부수적이다. 중요한 것은 그사이 성장한 나의 자존감이다.

'감정코칭연구소' 대표코치로 자존감과 관계, 그 속에서의 감정 코칭에 대해 이야기하고 있는 나의 가장 심각한 약점이 바로 이러한 것들이었다. 마음의 힘이 너무나도 쇠약해져 다양한 감정상황에서 불안에 수시로 흔들렸다. 모든 일들로부터 끊임없이 상처받고 또 스스로에게 상처를 주며 살아왔다. 내가 처음부터 단단하고 높은 자존감, 흔들림 없이 안정적인 감정으로만 지내왔다면 이러한 책을 써야겠다는 생각은 물론이고, 이런 것들이 필요한 이유조차 몰랐을 것이다.

나와 같이 불안하고 두려움이 많은, 일상에 짓눌려 자신을 사랑하지 못하는 감정 습관을 반복해온 이들이야말로 그것을 인정하고 치유하는 과정에서 깨달은 것들을 나누기에 적격이다. 나 또한 나와 비슷한 이야기를 읽으며 힘과 용기를 얻었기 때문이다. 학문적으로 과학적으로 알려주는 책은 나를 움직이지 못했다. 머리로 이해는 되지만 내 것으로 와 닿지 않았기 때문이다. 오히려 상처받은 나와 비교하며 혼자 속 편한 이야기를 하는 학자들이 얄미워 중간에 책장을 덮어버리곤 했다.

겉으로는 더 행복한 척, 힘이 넘치는 척했다. 인정하고 싶지 않아서 숨기기에 급급했다. 다른 이들은 나를 보며 힘이 난다고 했지만, 나는 스스로를 빠르게 소비하고 있었다. 나에게 부족한 것을 억지로 짜내어 나누려다 보니 온전히 지켜내야 할 나 자신까지 갉아먹는다. 몸치만큼 일종의 '마음치', '감정치'였던 것을 부끄러운 일이라 여겼다.

더 이상 자신을 속일 힘조차 남지 않았을 때, 마음이 바닥을 쳤을 때

드디어 기회를 찾았다. 오히려 이전에 용기가 없어 들여다볼 엄두가 나지 않았던 내 마음 속 밑바닥이 스스로 제 모습을 드러낸 것이다. 코앞에 맞닥뜨린 이상 피할 곳이 없었다. 죽고 싶을 만큼 싫었지만 인정할 수밖에 없었다.

처음엔 쓰라린 패배감 같은 것으로 시작했다. 내가 나에게 지고 만 것 같은 느낌이다. 스스로를 더 이상 어쩔 수 없다는 자포자기의 심정. 그때야 비로소 밖으로 향해있던 모든 탐지기가 꺼지고 적막한 내면에 집중하게 되었다. 처음으로 마주한 처참한 내 자아가 등을 돌리고 웅크린 모습이 보였다. 떨렸지만 다가가 안아보았다. 그리고 모든 것이 변했다.

약점은 강점의 반대말이 아니다. 작은 동전의 앞뒷면일 뿐이다. 앞면도 동전이고 뒷면도 동전이다. 약점도 나고 강점도 나다. 약점이 사라져야 강점이 되는 것도 아니다. 동전이 모두 앞면으로 이루어진 것은 불량품이거나 일부러 만든 기념품이다. 강점만 갖겠다고 하면 가치 없는 불량품이나 보기에만 좋은 기념품이 되는 것과 마찬가지다. 진짜 동전은 양면을 모두 가지고 자기만의 가치를 지니고 있다. 얼마짜리인가는 중요하지 않다. 10원은 10원대로 500원은 500원대로 제대로 쓰일 수 있는 게 제일이다. 10원짜리를 500원처럼 숫자를 덧그려 쓰려고 하면 10원의 가치도 사라진다. 위조는 가짜다. 가짜에는 아무런 가치가 없다. 500원을 10원 대신 사용하는 것은 낭비. 헛된 곳으로 사라진다.

약점이 강점이다. 중요한 것은 약점을 약점으로 인정하고 자신만의 진정한 가치를 찾는 과정이다. 위조와 낭비를 반복하는 삶은 가짜고 허무하다. 진짜 가치를 아는 삶이 실체다. 나의 가치는 강점에만 있지 않다. 내가 인정할 수 있는 약점이야말로 나의 진짜 강함이다. 나의 힘은 약함을 받아들이고 이를 통해 깨달음을 얻는 데서 나온다. 그러한 깨달음이야말로 나만의 목소리이며, 다른 이들과 기꺼이 나눌 수 있는 진정한 가치가 된다.

우리는 태어날 때부터 모든 것을 가진 이들보다 스스로의 힘으로 하나씩 이뤄나간 이들의 성공 스토리에 열광한다. 모든 것을 가진 채 시작한다는 것은 편안하고 감사한 일이지만 자신의 성장을 검증하기에는 어려운 환경이다. 아이러니하게도 그러한 이들은 가진 것을 버리고 뛰쳐나올 때 박수를 받기도 한다.

결국, 상대적이다. 약해 보이는 부분이 곧 성장의 씨앗이 된다. 그것을 강점으로 키우든 그 상태로 계속 가지고 가든 모두 다 의미 있는 이야기이기 때문이다. 약점이 곧 강점이 된다.

약점을 그대로 받아들여도 더 큰 내가 되고, 약점을 극복하여 키워도 더 큰 내가 된다. 여러모로 쓸모가 많은 약점이다.

나에 대한 감사일기 쓰기

내가 운영하는 '감정코칭연구소(www.iamness.co.kr)'에 새벽마다 제일 먼저 올라오는 글들이 있다. 바로 '감사일기', '자기 긍정 확언', '미라클모닝' 등이다. 나를 포함한 '패밀리'들이 아침에 눈 뜨자마자 앞 다투어 제일 먼저 하는 일인 셈이다.

감사일기는 말 그대로 새날을 맞이한 나와 나를 둘러싼 환경, 그리고 하루 동안 일어날 일을 미리 보며 감사하는 것이다. 정해진 형식은 없지만 대체로 3~5가지 정도의 감사를 차례대로 정리하기도 하고, 그 날그날의 주요한 느낌을 짧은 글로 정리하기도 한다.

감사일기를 쓰는데 정해진 시간은 없다. 몇 년 전 내가 처음으로 감사일기를 알게 된 오프라 윈프리의 책 《내가 확실히 아는 것들》에 따르면 그녀는 하루 중 수시로 작은 수첩에 감사를 적는다고 한다. 나 또한 하루 중 다양한 시간에 적어보았는데, 그중에서도 아침에 일어나자마자 쓰는 것이 가장 좋았다. 낮 동안에는 여러 바쁜 업무로 시간을 내기가 쉽지 않고, 나중으로 미루다가 차일피일 되는 경우가 많았다. 자기 전 감사로 마무리하는 것도 좋지만, 아기를 재워야 한다든가, 피곤해서 나도 모르게 잠들기도 했다. 하루 동안 지난 일들을 되돌아보면서 아쉬운 점이 함께 떠올라 자칫 반성문 같은 느낌이 되기도 했다.

감사일기는 아침에 쓰는 것을 가장 추천한다. 눈을 뜬 직후야말로 하루 중 가장 순수한 상태이기 때문이다. 아직 여러 가지 자극이 들어오기 전 잘 자고 일어난 내 모습 그대로일 때 가장 긍정적인 언어인 감사를 이야기하면서 스스로에게 에너지를 부여할 수 있기 때문이다. 자칫 정신없이 흘려보내기 쉬운 시간을 의미 있게 활용하는 첫 번째 방법이기도 하다.

무엇보다 나에 대한 감사로 시작하는 것이 우선이다. 우리는 흔히 다른 이들에게만 감사하는 것으로 배워왔지만 무엇보다 중요한 것은 지금 존재하는 나에게 감사하는 것이다. 나 자신이 감사로 충만할 때 다른 이들을 향한 감사에도 힘이 실린다. 스스로에게 아무것도 감사하지 못하면서 다른 이들에게만 감사하는 건 나에 대한 기만이다.

처음엔 단 한 줄이라도 괜찮다. 나에 대한 감사 한마디만 적어도 충분하다. 나도 처음엔 무엇을 적어야 할지 몰라 피상적으로 쓰기도 했다. 처음엔 습관을 만드는 자체가 중요하다. 일단 내용에 대한 판단은 뒤로하고 무조건 21일 동안 쓸 것을 권한다. 21일은 습관을 만드는 최소 단위의 시간이다. 한 줄을 적는 데는 채 1분도 걸리지 않는다. 이렇게 21일, 통틀어 20분도 안 되는 시간이지만, 일단 습관으로 자리 잡고 나면 엄청난 효력을 발휘한다.

감사일기로 하루를 시작하면 어떤 일들이 일어나게 될까?

첫째, 아침마다 내 존재를 긍정적으로 인식하게 된다.

내가 나를 어떻게 바라보는가가 자존감의 핵심이다. 감사일기는 아침마다 제일 먼저 내 존재를 확실하게 긍정의 방향으로 바라보게 한다. 하루의 기분과 분위기는 아침의 시작에 달려 있다고 해도 과언이 아니다. 시작이 좋으면 모든 것이 좋다. 그래서 한 줄의 감사일기라도 스스로에게 명확한 방향을 제시해 주어 적어도 하루 동안 흔들림 없이 유지하도록 한다. 언제까지나 지속되는 것은 아니기에 아침마다 반복하는 이유기도 하다.

둘째, 주변 환경에 대한 영향력의 확장, 자아가 커지는 경험을 한다.

다른 이에게 친절을 베풀고 진심이 담긴 감사를 받으면 그만큼 내 자아가 커진다. 그 사람을 통해 나의 영향력이 커지기 때문이다. 자아가 크고 강한 사람은 그만큼 주위에 더 강력한 영향력을 끼칠 수 있다. 내가 나에게 감사하는 것도 마찬가지이다. 다른 이를 통하지 않아도 똑같은 효과가 있다. 나에 대한 친절도 스스로에게 감사로 돌아오고 다시 나를 더 크게 성장시킨다.

셋째, 내가 겪게 될 경험들을 기쁜 마음으로 받아들이게 된다.

감사일기를 통해 오늘 일어날 일들을 미리 행복한 것으로 설정해 두는 것이다. 이는 마치 '해피엔딩'을 알고 보는 영화와도 같다. 영화 중간에 어떤 일이 일어나도 결국은 해피엔딩이므로 걱정할 필요가 없다. 이처럼 하루를 제일 먼저 해피엔딩으로 설정하는 것은 매우 중요하다. 근심 걱정 없이 시작한 하루가 두려움과 불안으로 시작하는 하루보다 해피엔딩에 가까운 것은 말할 것도 없다. 우리는 하루의 시작에 감사일기를 적고 아무 염려 없이 당당하게 집을 나서면 된다.

감사일기를 쓰는 도중에 기존 습관에 따라 자신도 모르게 스스로를 비난하거나 자책하고 후회하는 내용을 담게 되는 것을 주의하자. 나를 비난하거나 자책하는 일기는 그대로 남아 나를 그런 사람으로 확정 짓는다. 그렇게 스스로를 바라보고 자신도 모르게 인식하게 되면서 그러한 습관이 반복적으로 나타나게 된다. 감사일기를 쓰는 동안에는 편안한 마음을 유지하되 깨어있는 의식으로 신중하라.

나에 대한 감사, 주변 환경에 대한 감사, 하루 동안의 일을 미리 보며 감사. 우선 이 3가지면 충분하다. 분량과 관계없이 최소 습관을 위한 21일만 투자해 보자. 나에 대한 사랑을 담은 감사일기가 자신을 하루하루 더 나은 사람으로 이끈다. 내가 나를 사랑하는 것을 스스로에게 증명하고 확신을 주어 어떤 상황에서도 자신에 대한 믿음을 가질 수 있다.

감정코칭연구소에서 제안하는 바와 같이 감사일기에 자기 긍정 확언과 미라클모닝이 함께 연결되는 이유도 여기에 있다. 감사일기를 쓰고 미래의 내가 이루게 될 것을 미리 적는 것이 자기 긍정 확언이다. 이러한 것들을 아침 시간에 하면서 만들어가는 것이 기적의 아침, 미라클 모닝이기 때문이다.

기회가 된다면 많은 이들과 함께 감사일기를 써보도록 하자. 함께 쓰는 것에는 엄청난 힘이 있다. 혼자서는 순간순간 한 번쯤 그냥 넘어가고 싶은 유혹을 받는다. 이를 공개적으로 선포하고 매일 써서 올리면 자신과의 약속이 되며, 결과물을 한눈에 확인하면서 성취감도 올라간다. 특히 함께하는 이들의 응원을 받으면 긍정적인 경험으로 각인되어 계속 이어나갈 힘이 된다. 나 또한 다른 사람들을 응원하면서 돕고 있다는 사실에 스스로에 대한 만족감은 몇 배가 된다.

나에 대한 감사일기는 결국 꿈을 이루는 원동력이다. 꿈을 미루며 살 것인가, 이루며 살 것인가는 여기에 달려 있다. 날마다 불어넣은 긍정의 에너지뿐만 아니라 자기 확신이 반복되면서 꿈을 이루는 방법을 찾게 된다. 방향만 바꿔 주어도 상황은 완전히 달라진다. 막연한 꿈처럼 여겼던 일들이 하나씩 생생한 현실로 다가온다. 날마다 조금씩 성장하는 자신을 감사로 계속해서 키워나가면, 시간의 차이는 있어도 곧 원하는 것을 이루게 되기 때문이다.

이제까지 나도 모르게 해왔던 자신에 대한 불평불만이 습관으로 배어있었다면, 지금부터 그러한 습관을 베어버릴 차례다. 방법은 아주 간단하다. 감사일기라는 정교하고 튼튼한 무기로 날마다 조금씩 반복하는 것, 그뿐이다. 오늘 아침도 어김없이 감사일기로 하루를 시작한다. 날마다 내가 만든 해피엔딩을 맛보고 싶다면, 날마다 꿈을 이루는 일상을 누리고 싶다면, 지금부터 단 한 줄이라도 나에 대한 감사일기를 써보면 어떨까.

모든 것은 아주 작은 습관에서 비롯된다. 알고 보면 모든 것의 성공은 날마다 집요한 반복이 모여서 이룬다.

이것은 훈련이다. 훈련은 상당한 기간과 규칙적인 반복이 핵심이다. 자존감 훈련도 마찬가지다. 그래서 이러한 훈련에는 매일의 훈련을 기록하고 점검하는 일이 필요하다. 나에 대한 감사일기는 자존감 훈련의 기록인 셈이다.

날마다 성장하는 내 모습을 감사로 받아들이고 또다시 새롭게 시작하는 나만의 훈련일지, 감사일기를 써보자.

나에게 가장 좋은 것을 선물하기

내 생일 아침이었다. 어린 시절만큼 들뜨고 설레는 기분은 아니더라도 해마다 생일 아침은 특별하게 다가온다. 지난 1년간의 나를 돌아보고 새롭게 살아낼 다음 1년을 상상하면서 스스로를 다잡아본다. 무엇보다 건강하게 한 살 더 먹은 나 자신에게 고맙고 여러모로 도움을 준 이들에게 감사한 마음이 새록새록하다. 특히 아기를 낳고 보니 부모님에 대한 애틋한 마음이 드는 것도 나름 철이 들어가는 건가 싶다.

출근을 위해 차에 탔더니 대시보드에 남편의 선물이 놓여있다. 꾹꾹 눌러 쓴 작은 카드와 함께 들어있는 예쁜 목걸이다. 어젯밤 내가 잠든 사이에 몰래 주차장에 내려왔던 모양이다. 잠옷 바람으로 작은 쇼핑백을 들고 살금살금 다녀왔을 남편을 떠올리니 웃음도 나고 귀엽기도 하다. 음력인 남편 생일을 자꾸만 잊어버리는 나와는 달리, 남편은 내가 말하지 않아도 잊지 않고 챙겨주니 고마울 따름이다.

　누군가의 선물을 준비할 때 어떤 마음이 드는가? 자연스럽게 제일 먼저 그 사람에 대해 떠올리게 된다. 평소에 그가 어떤 것들을 좋아했는지, 이전의 대화 중에 갖고 싶다고 한 것은 없었는지 두루두루 기억을 되살려 본다. 딱 떨어지는 답이 없다면 그 사람의 입장이 되어본다. 지금의 건강 상태, 하는 일, 즐기는 취미, 주변 사람들까지 차례대로 살피면서 힌트를 얻고자 할 것이다. 준비한 선물을 볼 때는 또 어떠한가? 상대방의 기뻐하는 얼굴, 목소리를 상상하며 벌써부터 기분이 좋아지지 않던가? 상대방이 아직 선물을 받기도 전 나의 상상만으로도 행복해지는 경험을 하곤 한다.

　한편, 선물을 받으면 어떤 기분이 드는가? 남편의 선물로 내가 느낀 감정은 '특별함'이었다. 나만을 위해 준비된 것을 받았으니 내가 주인공이다. 누군가 나를 생각해 주었으니 이 또한 특별함이다.

　그렇다면 내가 나에게 주는 선물은 어떤가? 예전의 나는 나에게 선물하는 것은 생각해 본 적도 없었다. 오히려 여기저기 우선순위로 주위 사람들부터 신경 쓰고 나면, 정작 나에게는 한없이 인색했다. 다음에, 형편이 더 나아지면, 잘되고 나면 그때 해주리라 새로운 조건과 함께 뒤로 미뤄지곤 했다. 그러자 이상하게도 갈수록 나 자신이 초라하게 느껴졌다. 어제와 같은 줄만 알았는데, 스스로 사랑하고 대접해주지 않는 자아는 하루가 다르게 작아진다. 크고 강한 자아를 만드는 데는 많은 노력이 들지만, 습관적으로 위축되는 데는 단 몇 분도 걸리지 않는다. 그만큼 오랜 습관으로 자리 잡았기 때문이다.

최근 자기 자신에게 선물을 한 경험이 있는가? 있다면 무엇이었는가? 없다면 어떤 것을 가장 받고 싶은가? 오랫동안 기다렸던 명품가방? 큰 맘 먹고 산 정장? 혼자만의 시간을 위한 여행? 나도 처음에는 오랫동안 가지고 싶었던 물건을 구입하며 스스로에게 선물이라 주었다. 갖고 싶었는데 오래 참았으니, 그 인내에 대한 일종의 보상이라고 여겼다. 그런데 이러한 보상은 채 몇 달이 되기도 전에 흔적도 없이 사라졌다. 분명 살 때는 기분이 날아갈 것 같았는데 막상 갖게 되자 금세 시시해지는 것이다. 그사이 더 비싸고 좋은 물건이 눈에 들어와 상대적으로 박탈감이 느껴질 정도로 빠르게 식어갔다.

　왜 그럴까? 그것은 내가 나를 위해 샀다고 한 물건이 일시적인 '소비'에 지나지 않았기 때문이다. 소비는 말 그대로 사라지고 없어지는 것이다. 비용을 감수하면서 써서 없애는 행위다. 그만큼의 돈을 벌기 위해 들인 시간과 노력을 생각한다면 소비의 기쁨은 비교도 안 될 만큼 빠르게 사라진다. 때로는 할부금을 갚기도 전에 허망한 느낌이 들기도 한다. 이런 느낌은 전혀 특별한 것이 아니다. 따라서 단순한 소비로는 나에게 주는 선물이 되기 어렵다.

　나에게는 어떤 선물을 주어야 할까? 내가 주는 선물은 '투자'이다. 소비와는 근본부터 다른 뜻을 가진다. 투자는 목적이 있어 그에 상응하는 시간과 돈, 노력을 쓰는 것이다. 소비는 그 자체로 사라지고 마는 행위지만 투자는 목적을 이루고 성취감을 갖게 한다. 투자의 방법은 여러 가지가 있을 것이다. 그중에서 우선순위로 선물했던 투자는 다음과 같다.

첫째는 긍정의 언어로 확신을 주는 선물이다.

나에게 언어를 투자하여 선물한다. 나 자신에게 감사하고 자기 확언, 성공 확언과 같이 긍정의 언어를 투자하여 스스로 확신이라는 특별함을 갖게 한다.

둘째는 몸을 움직여 활력을 주는 선물이다.

날마다 새로운 날을 최고로 살아낼 수 있는 체력과 스트레스에 강한 면역력을 선사한다. 나의 몸이 온전한 건강으로 오래도록 행복할 수 있는 최고의 방법이기도 한다.

셋째는 특별한 경험을 선물하는 것이다.

엄청난 돈을 들여야만 특별함을 느낄 수 있는 것이 아니다. 한 권의 책, 짧은 여행, 정성들여 만든 음식으로 일상을 뛰어넘는 특별하고 소중한 시간을 만들 수 있지 않던가. 공지영 작가의 《딸에게 주는 레시피》는 나만을 위해 만든 요리로 특별한 순간을 선물하는 법에 관해 이야기한다. 상처받아 지치고 힘들 때, 나를 위해 만드는 쉽고 간편한 요리는 위로가 되어주고 딛고 일어설 단단한 마음의 기반을 세워준다.

처음엔 내가 무엇을 하고 있는지 잘 몰랐다. 그저 힘들고 외로운 나에게 응원을 보내고 싶다는 단순한 생각에서 출발했다. 3가지 선물은

3단계 성장 선물이기도 하다. 처음엔 말로 응원을 보냈다. 그러다 보니 몸이 따라서 움직이고 싶어 했다. 가만히 앉아서 주어지는 것들만 어쩔 수 없이 받아들이던 소극적인 모습에서 벗어난다. 주어지는 것이 아닌 주고 싶은 것을 선택하기 시작한 것이다.

마음에 확신이 생기고 몸에 활력이 붙기 시작하면 새로운 것에 눈을 돌리기 마련이다. 현재 상황에만 머무르지 않는다. 오늘을 기쁘게 살면서 내일의 더 큰 미래를 향해, 꿈을 향해 고개를 들기 때문이다.

예상치 못하게 받게 된 마지막 선물은 '꿈을 찾아 이루는 것'이 된다. 나에게 좋은 것을 주는 것이 습관이 되면 기다렸다는 듯이 나타나는 깜짝 선물이다. 일상에 파묻힌 나는 평범을 원한다. 하지만 내가 나에게 선물하는 특별한 경험이 반복될수록 남들과 똑같이 묻혀버리는 나다움이 아쉽다. 그 아쉬움을 예전처럼 '어쩔 수 없잖아', '내가 뭘 어쩌겠어'라며 흘려보내 지지 않는다.

특별한 나는 꿈을 꾼다. 나는 더 이상 어쩔 수 없는 상황을 바라보지 않기 때문이다. 어쩔 수 없는 나는 더 이상 존재하지 않는다. 만약 여기서 예전의 익숙한 습관을 따라 나에게 한계를 보여주고 멈추려 한다면 이제까지의 선물은 모두 독약이 된다. 기껏 나를 위한 지출과 투자를 하고도 몸과 마음을 묶어버리는 셈이다.

내가 지금 이 책을 쓰게 된 것도 시작은 몇 마디 말에 불과했다. 나에게 진심이 담긴 최고의 말로 선물을 주기 시작하자 내가 그것을 믿고 의지하게 되었고, 그러한 믿음이 나를 움직여 행동하게 했다. 그렇게 나에게 책으로, 요리로, 여행으로, 글쓰기로 특별한 경험을 만들어주기 시작하자 결국 '작가'라는 힘겹게 미뤄둔 내 꿈이 나를 찾아내었고, 드디어 나와 마주하게 된 것이다.

나의 자아와 자존감은 내가 무엇을 가져다주는가에 따라 그 모습이 완전히 달라진다. 오로지 내가 주는 것으로만 영양분으로 삼아 자란다. 돌봐주지 않는데 저절로 자라는 법은 없다. 남이 대신 돌봐줄 수도 없다. 오직 나만이 할 수 있다. 더 이상 이전과 똑같은 삶을 반복하고 싶지 않다면, 의지에 불타 얼마 동안 나아가다 포기해버리고 있었다면, 이제 나에게는 나만을 위한 선물이 필요하다. 그 선물은 다른 누구와도 비교할 수 없는 최고의 것이다. 다른 누구에게 하는 선물보다 더 마음을 다하고 정성을 다하는 선물이다.

우선순위는 나로부터 시작한다. 내가 자꾸만 내 자존감을 뒤로 숨기고 나중으로 미루면 성장을 멈춘 자아는 더 찾아보기 힘든 곳으로 도망쳐 숨어버릴 것이다. 지금 바로 이 자리에서 몸과 마음에 특별함을 선물하라. 특별한 나의 꿈을 찾아 이루는 것, 나를 위해 준비된 최고의 꿈을 이루자.

자존감 훈련 중인 나에게 주는 선물 Best 3

1. 긍정의 언어로 이루어진 '확신'
2. 몸을 움직여 불어넣는 '활력'
3. 나만을 위한 특별한 '경험'

일상 훈련이
가장 강력하다

훈련하는 이유는 더 나아지기 위함이다. 기초 작업은 지금의 상태를 명확하게 하는 것이다. 앞으로의 성장을 가늠할 기준점이 되기 때문이다. 다시 말해 지금의 상태를 안다는 것은 지금의 나를 있는 그대로 받아들이는 것이기도 하다. 상대방에 대해서도 마찬가지다. 부족한 모습이 보이는 것도 일단은 그대로 받아들인다. 여기서부터가 시작이다.

다음은 그동안 돌보지 못했던 나를 돌보는 것이다. 이제까지 가혹하게 판단하고 비난하던 나의 낮은 자존감에게 친절을 베푸는 것이다. 별다른 일이 아니어도 된다. 그렇게 힘들게 몰아붙이지 않아도 된다고, 그냥 지금은 가만가만 나의 이야기를 들으며 불편했던 구석구석을 돌아보는 것으로 충분하다.

내가 나에게 신경 쓰는 것에 반비례하여 다른 이들에게는 한 발짝 물러나 본다. 일일이 내가 개입하지 않아도 될 일은 되고 될 사람은 잘 된다. 그러니 지금은 싫다고 말하고 마음을 거두는 것이다.

무엇보다 이러한 모든 것의 핵심은 내가 결정하고 행동하는 것이다. 거창한 것을 단번에 결정하여 인생을 완전히 뒤집어엎지 않아도 된다. 대신 하루하루의 성취감을 나에 대한 감사일기로 기록한다. 이제 이 감사일기는 나의 훈련 일지이자 나만의 성공 스토리가 된다. 시작은 부끄럽고 감추고 싶은 이야기였을지라도 이겨내고 난 후에는 그 무엇과도 비교할 수 없는 나만의 자산, 스토리 스펙이 된다.

앞으로는 언제든지 나를 우선순위로 시작한다. '나에게 가장 좋은 것 선물하기' 내가 가장 사랑하는 나를 위해 가장 좋은 것을 나에게 주는 사람이다. 내가 나를 최고로 인정하고 존중할 때 자존감이 나를 더 큰 인생의 기쁨으로 인도할 것이다.

만들어진 자아에서 벗어나라

진짜 내 것에만 집중하라

아무 조건 없이 나를 사랑하라

더이상 휘둘리지 않고 나답게 산다

달라서 더 특별하다

진심이 가장 멀리 간다

나는 지금 여기서 가장 행복하다

5장

진짜 내 것이 아닌 것과 결별하라

만들어진 자아에서 벗어나라

누군가와 이야기를 나누다 보면 그에 대해 이전에 미처 몰랐던 부분들을 알게 된다. '이런 면이 있었나?' 싶은 부분은 새로운 관심을 유발하기도 하고 '그렇게 안 봤는데' 싶은 것들은 오해를 만들거나 풀어주기도 한다. 이러한 기회가 반복될수록 오해는 풀리고 상대방을 좀더 제대로 이해할 기회를 갖게 된다.

물론 아무리 반복해도 상대방을 다 알게 되는 것은 아니다. 흔히 사기꾼들은 다 '절대 그렇지 않을 것 같은' 이들이라고 하지 않는가. 사기의 피해자들도 하나같이 '그 사람이 그럴 줄은 꿈에도 몰랐다'며 후회로 가슴을 친다.

우리는 얼마나 만들어진 모습에 속아 보이는 대로만 믿는가. 오랜시간 동안 '작업'을 위해 꾸며진 모습으로 사람들을 대하고, 의심이 사라져 친한 친구나 이웃이 되었을 때 비로소 본 모습을 드러내고 단번에 모든 것을 빼앗아가고 만다.

극단적인 예를 들었지만, 이는 꼭 다른 사람에 대해서만 나타나는 것은 아니다. 내가 나를 보았을 때도 진짜 나를 알지 못한 채 만들어진 내 모습을 실제의 나로 아는 경우가 많다는 뜻이다. 만들어진 자아에 사로잡혀 나를 오해했다. 만들어진 자아는 크게 다음과 같이 나타난다.

첫째는 '라이프스타일의 노예'라 부르는 사회적 환경에 의해 만들어진 '나'다.

과거에 없었던 새로운 문화, 새로운 기술 제품의 등장과 홍수처럼 쏟아지는 마케팅이 나는 만드는데 큰 몫을 차지한다. 요즘 같은 시대에는 필요한 물건도 많고 해야 하는 일들도 많다. 생필품의 종류가 늘어나고 복잡한 사회가 된 것만을 의미하지 않는다.

나를 표현하기 위해 남들보다 더 비싼 브랜드 제품을 구입해야 한다. 갈수록 차별성이 낮아지니 더 비싸고 더 희소성 있는 제품이어야 남들과 달리 보인다. 철저히 다른 사람의 시선을 의식하는 것이 기본이다. 자랑하고 싶고, 자랑해야 살아남는 시대에서 만들어진 내 모습을 원래의 모습인 양 믿는다. 빚에 허덕이거나 소비를 위한 자기희생을 하면서도 다들 그러니 당연한 것으로 치부해버린다.

둘째는 부모님처럼 가까운 이들로부터 강요된 의무감으로 만들어진 '나'다.

어릴 적부터 특정한 삶의 방식만이 옳다고 반복해서 듣게 되는 형태다. 다른 것을 다 포기하더라도 학교 성적이 좋아야 한다. 상위권 대학에 들어가 안정된 직업을 갖고 마찬가지로 안정된 집안의 고정적인 수입이 있는 배우자를 만난다. 반드시 아이를 낳아 키워야 하고 그 아이 또한 공부 잘하는 모범생을 만드는 게 목표다. 정해준 대로 의심 없이 가는 인생 공식이다.

이를 벗어나기 어려운 이유는 부모님으로부터 시작된 의무감이며, 이것이 효도라고 못 박기 때문이다. 조금이라도 벗어나면 인생의 낙오자고 천하의 불효자다. 의무감과 죄책감의 반복에서 힘들게 제자리걸음을 하다 보면 어느새 자포자기 심정으로 의무감 안에 자신을 묶어둔다. 죄책감을 피하려고 이 모습이 바로 내 모습이라 받아들인다.

셋째는 작은 자아가 만들어낸 튀고 싶지 않은, 평범하고 싶은 '나'다.

작은 자아는 다른 이들과 다르게 보일까 봐 두렵다. 다르다는 이유로 눈에 띄면 불안해 어쩔 줄 모른다. 이들에게 다르게 보인다는 것은 남들의 시선을 끄는 것이고, 남들의 시선은 모두 평가와 감시가 되기 때문이다. 행동은 점점 더 어렵고 실수할까 염려할수록 실수를 반복하고 좌절한다.

작은 자아는 스스로를 자기만의 안전지대에 문을 걸어 잠근다. 대신 문 앞에 자신이 볼 때 가장 완벽해 보이는 모습을 그려 넣는다. 너무 흔해서 지나가는 이들의 주의를 끌지 않는 데 완벽한 이미지다. 누구라도 이것이 그림에 불과하며 방 안에 누군가가 있다는 것을 알아차리지 못하도록 최대한 정교하게 그리는 것이 이들의 완벽함이다.

무엇이든 만들어진 모습으로는 진정한 만족이 없다. 한때 값비싼 보석으로 치장하고 최고급의 드레스를 입는다고 24시간 내내 그런 모습으로만 살 수는 없다. 동네 산책이라도 하려면 옷을 갈아입어야 한다. 걷고 뛰고 멀리까지 가고 싶다면 최대한 원래의 편한 모습으로 나서야 한다. 그렇지 않다면 나는 보기에만 그럴싸한 쇼윈도의 마네킹과 다를 바가 없다.

마네킹은 보는 이에게는 흠잡을 데가 없지만, 본인에게는 손가락 하나 까딱할 자유도 없는 무덤 속 삶이다. 자아는 본래의 모습으로 자유롭게 다닐 때 성장한다. 만드는 것에는 한계가 있다. 비행기를 만들어서 하늘을 날 수는 있지만 스스로 가볍게 날아오르는 새에 비할 수는 없다. 새를 흉내 내 만든 가짜 새일 뿐이다. 외형의 크기가 아닌 가장 자유로운 때에 성장한다. 겉보기에 많은 것을 갖고도 겁을 내며 움츠리는 이가 많은 까닭이다.

나에게 만들어진 모습에서 벗어나고 싶다고 호소하는 이들은 많다. 나름의 노력을 해봤지만, 과거의 모습만 더 또렷해진다고 이야기한다. 어떻게 해야 만들어진 나를 벗어날 수 있을까? 핵심은 두려움의 실체를 바로 보고, 이를 넘어선 더 큰 자아의 모습을 그리는 것이다. 두려움 자체에만 집중하는 것은 순간적인 모면일 뿐 또 다른 덫이 되기 쉽다.

라이프스타일로 만들어진 나의 두려움은 열등감이다. 열등감은 남들이 만들어진 기준에 따라 단계를 밟고 오르며 우월감으로 자신을 지탱하려 한다. 외부의 기준에 따른 우월감은 언제까지나 유지될 수 있는 감정이 아니다. 무너지는 순간 나락으로 떨어질까 언제나 두렵다. 부모님의 기대와 의무감으로 만들어진 나의 두려움은 인정받지 못한다. 무조건 수용하는 사랑 대신 주어진 조건부 사랑에 목마르다. 인정받지 못한 자신은 사랑받을 자격이 없는 사람으로 치부된다. 평범을 원하는 나의 두려움은 시선과 평가에 대한 두려움이다. 자신의 실체를 드러낼수록 평균에도 미치지 못한다는 실망을 줄 것이라 계산하여 평범함을 최고의 기준으로 삼게 된 것이다.

두려움의 실체를 바로 보았다면 이제 그릴 것은 이러한 것들을 신경 쓰지 않는 큰 '자아'의 모습이다. 만약 이러한 두려움이 없다면 자신이 어떤 모습일지 상상하는 것이다. 다른 사람과 비교하지 않는다면, 인정받지 않아도 된다면, 남들의 시선에서 자유롭다면 어떤 사람일까를 그려본다. 이것을 생생하게 그리는 것이 시작이다.

이것이 본래 자신이 가지고 있던 온전한 자아의 모습이다. 어떤 이유로 감춰져 있었을 뿐, 내 안에 있던 진짜 내 모습이다. 직접 마주한 적 없어 어색할 뿐이다. 원래의 온전한 내 자아의 모습이 자연스럽게 느껴질 때 진정한 변화가 나타난다.

단번에 외모를 바꾸고 말투나 행동을 외워서 흉내 내는 것이 아니다. 이미 그렇게 되었다는 상상으로 확신을 갖는 것이 우선이다. 확신이 생겨야 바뀐다. 확신으로 자연스럽게 느껴지면 내가 원하던 그 모습으로 행동하는 것에 거리낌이 사라진다. 몸에 밴 듯 자연스럽게 전부를 바꿀 수 있다.

나만 몰랐을 뿐이지 내 안에는 온전한 자아가 아직 숨 쉬고 있다. 다만 만들어진 자아가 지나치게 커진 탓에 아직 제대로 움직이지 못할 뿐이다. 온전한 진짜 자아는 일단 인정하고 마주하는 순간부터 빠르고 강하게 성장한다. 진짜만이 가질 수 있는 힘이다. 이제 가지고 있던 온전한 나로, 진짜 내 모습으로 살아간다.

진
짜
내
것
에
만
집
중
하
라

얼마 전에 본 에이슬링 월쉬 감독의 영화 〈내 사랑〉은 실화를 바탕으로 한 작품이다. 처음엔 내가 좋아하는 배우 '에단 호크'를 보러 갔다가 마지막에 가서야 이것이 실화였다는 걸 알게 되었다. 여주인공 '모드'는 가족들로부터 배신당하고 몸과 마음에 큰 상처를 입었다. 관절염으로 걷는 것이 불편하고 손가락을 자유롭게 사용하지도 못한다. 하지만 더 이상 가족에게 의지할 수 없다는 걸 깨닫고 보육원 출신에 세 가지 일을 하면서도 지저분한 집에서 힘겹게 생활하는 남자의 집에 가사도우미로 취직하게 된다.

사실 영화의 초반부는 상당히 불편했다. 서로를 전혀 이해하지 못하는 이들 사이에서 주인공 '모드'는 전혀 자신의 목소리를 내지 못한다. 혼자 할 수 있는 것이 없으니 남에게 의지해야 한다는 수동적인 의무로 온몸이 묶여 있다. 그녀가 자신의 이야기를 들려주는 유일한 방법은 바로 '그림'이었다.

남자와의 관계도 처음엔 참담했다. 그는 모드가 키우는 개, 닭보다도 못한 존재라며 친구와의 대화에 끼려고 하자 주먹으로 얼굴을 치기까지 했다. 나는 아픈 마음을 안고 숨죽여 지켜봤다. 많은 상처를 받은 그녀가 무너지지는 않을까 스스로를 포기하는 건 아닐까 하고 말이다. 하지만 진짜 이야기는 여기서부터다.

처음 남자의 집에 왔을 때부터 '지나가던 아이들이 자신에게 돌을 던졌다'며 '세상엔 자신과 다르다는 이유만으로 돌을 던지는 이들이 있다'고 담담히 이야기하던 그녀. 남자에게 상처받은 뒤 울면서 집 안으로 들어가 페인트에 떨리는 손가락을 찍어 벽에 선 하나를 긋는다. 천천히 선들은 줄기가 되었고 그 끝엔 꽃이 피어난다. 그렇게 그린 그림들은 그녀의 마음에 뿌리를 내리고 자라기 시작했고 점차 밖으로 뻗어나가 남자와 새로운 관계로, 더 나아가 넓은 세상과 연결해 주었다.

이 이야기는 화가 '모드 루이스'의 실화다. 그녀가 남편이 된 그와 작은 집에서 그린 그림들이 얼마나 많은 이들에게 영감을 주었는지를 보여준다. 언뜻 보면 '장애를 극복한 화가'의 이야기인 듯하지만, 그보다는 진정한 자아, 자기만의 시각으로 세상을 보는 한 여자의 이야기였다.

나의 부족함에 집중하면 거기서 성장은 멈추고 만다. '역시 난 안돼', '나 같은 게 뭘 어쩌겠어' 하는 부정적인 언어가 떠오르는 순간 빠른 속도로 움츠러들고 숨어버린다. 조금 나아가 '내가 더 노력하면 알아주겠지', '시키는 대로 잘하면 사랑받을 수 있을 거야'라고 해도 거기까지다. 내 것이 아닌 것에 노력하고 더 잘한다 한들, 남들의 인정이나 칭찬에서 또다시 멈추기 때문이다. '시키는 일을 잘 하는 사람'만으로는 여전히 내 것을 찾을 수 없기 때문이다.

언제든지 필요한 것은 '나만의 것'이다. 누가 강요하지 않아도 혹은 누군가 포기를 강요해도 여전히 지켜내야 할 자기 자신이다. 진짜 내 것은 다른 이들의 말과 행동에 흔들리지 않는다. 삶이 아무리 시궁창 같아도 내가 지키고 나를 지켜주는 것이다. 그것이 바로 내 자존감이고 진짜다. 진짜 자존감은 진정한 내 것을 발견하고 힘을 얻게 한다. 언제라도 나를 회복시키는 구급약이자 피로회복제다. 평소의 나를 더 건강하게 하는 영양제이자 보약이다.

나 또한 가장 힘들고 지칠 때 글을 쓰기 시작했다. 처음엔 글을 쓴다고도 하기 어려울 정도였다. 알아볼 수도 없는 글씨로 마음을 꾸역꾸역 토해냈다. 순간적으로 감정이 휘몰아쳐 나 자신을 해하고 싶어질 때 무조건 펜부터 잡았다. 화가인 '모드'가 손가락 그림으로 자신에게 집중했다면, 나에겐 펜 하나와 종이 한 장이었다. 일단 쓰기 시작하자 마음속 폭풍우가 조금씩 가라앉기 시작한다.

내 것이 아닌 것에는 아무리 집중하려고 해도, 있는 힘을 다 주어도 오르막길을 억지로 밀고 가는 것처럼 힘겹다. 의지로 밀어붙이는 것도 곧 한계가 생기고 힘이 빠지는 순간 간신히 올려놓은 것은 순식간에 밀려 내려와 바닥으로 곤두박질친다. 더 이상 언덕 위로 올리고 싶은 마음도 들지 않는다. 바닥에 주저앉아 '될 대로 되라' 같은 심정이 돼 버린다.

진짜 내 것에 집중해야 힘이 실린다. 처음의 폭풍우가 가라앉고 나면 눈앞이 개이면 당연한 듯 앞으로 나가게 된다. 누가 뒤에서 밀어주지 않아도 한 걸음씩 자신의 두 발로 땅을 박차고 나간다. 그 발걸음은 앞으로 나아갈수록 더욱 가볍다.

처음에 꾸역꾸역 토해내던 글도, 두서없이 울부짖던 문장도 차츰 자신의 목소리를 되찾는다. 조금씩 원래의 나, 진정한 내 이야기를 완성해 가면서 이것이 내 것임을 알게 된 것이다. 그때의 폭풍우는 나에게 깨달음을 준 귀중한 경험이다. 이제 나와 같은 폭풍우를 겪고 있거나 그로 인해 상처만 남은 이들에게 나의 경험과 깨달음을 전하며 새 힘을 불어넣고자 한다. 다른 이들을 폭풍우와 상처로부터 극복하도록 도우면서 나의 자존감은 더 자유로이 날아오른다. 이것이 내가 책을 쓰고 코치의 삶을 살게 된 과정이다.

진짜 내 것을 찾는 것은 끝이 아닌 시작이다. 진짜 내 것을 알면서도 행동하지 못한다면 더 큰 열패감을 느낄 수도 있다. 진짜 내 것은 행동할 때 생명을 얻는다. 생명을 얻으면 자유를 찾는다. 남들의 시선이나 지적이 더 이상 상처가 될 수 없다. 닭이 아무리 최고급 럭셔리 닭장에 살고 있다고 독수리를 무시한들 온 하늘을 내 집처럼 다니는 독수리가 깃털 하나 까딱이나 할까?

진짜 내 것은 차원이 다르다. 닭이 독수리 같은 옷을 입고 종합 운동장만 한 닭장에 산다 해도 날지 못하는 것은 변함이 없다. 독수리가 지금 잠시 닭장에 내려앉아 있다고 무시한들, 어느 밤 땅을 박차고 훨훨 날아가 버리면 그뿐이다. 독수리는 자신의 크고 강한 날개에만 집중하면 된다. 닭이 먹는 사료와 닭장을 부러워할 이유가 없다.

진짜 내 것에는 집중하고 실행할 힘이 있다. 해보기도 전에 힘겨울 것을 두려워 말라. 이제까지 진짜가 아닌 것에 힘 빠진 경험만으로 지레짐작하는 것일 뿐이다. 진짜 내 것은 다르다. 처음엔 떨리고 앞이 잘 보이지 않을 수도 있다. 하지만 일단 움직이기 시작하면 차원이 달라진다. 스스로 힘을 내고 추진력을 가진다. 억지로 힘주지 않아도 된다. 오히려 힘을 빼고 집중하는 순간 내가 이미 가지고 있었던 크고 강한 날개가 자유를 얻고 넓게 펼쳐진다. 닭장 속 닭을 흉내 내느라 움츠러들고 뒤뚱거리고 있었다면 날개부터 펴면 된다. 우리가 이미 가지고 있었던 크고 강한, 바로 그 날개다.

셋

아
무
조
건
없
이
나
를
사
랑
하
라

　나는 '자기합리화의 여왕'이었다. 보통 이렇게 이야기하면 해야 할 일은 하지 않고 핑계를 대며 계속해서 미루는 모습이 떠오른다. 나 또한 남에게 이런 이야기를 들었다면 그런 모습을 제일 먼저 떠올렸을 것이다. 나의 자기합리화는 그런 게 아니었다. 차라리 스스로에게 핑계를 내어주는 자기합리화 쪽이 더 따뜻하게 느껴진다. 나의 자기합리화는 '내가 왜 나중으로 밀려나야 하는지 스스로를 설득하는 과정'이었기 때문이다.

　어릴 적부터 '잘했다' 대신 '방심하지 마라'는 이야기를 듣고 자라온 나는 항상 칭찬에 목말랐다. 무슨 일이든 성취감을 맛보기도 전에 '하나라도 잘못되면 어쩌나' 하는 두려움이 앞섰고, 누군가의 칭찬에 쉽게 마음이 동요하기도 했다.

이것이 하나의 감정 습관으로 자리 잡게 되자 내 기분이 좋아지려 할 때마다 '이게 끝이 아니다. 방심하지 마라'는 내면의 목소리에 사로잡히곤 했다. 그래서 '이번 한 번으로는 안 돼. 다음에 더 크게 성공해야 진짜 인정받을 수 있어'라고 하면서 현재의 기쁨을 깊이 감추려고만 했다.

내 삶의 가치에 대해서도, 행복에 대해서도 항상 새로운 조건을 달아 '한 번 더 성공하면', '더 크게 증명하면' 그때야 마음 놓고 기뻐할 수 있으리라 했다. 스스로에게 약속의 사슬을 감고는 더 높아진 기준에 맞추기 위해 허덕이다 '역시 지난번엔 우연히 잘된 것일 뿐'이라며 또다시 좌절하곤 했다.

모든 것은 자존감의 문제였다. 어디에도 내가 나를 존중하는 마음, 스스로의 품위를 만들고 지키려는 시도조차 없었기 때문이었다. 내가 나를 조금이라도 존중해 주었다면, 내면에서 반복적으로 터져 나오는 성취감의 욕구를 그렇게 몇 배의 부담으로 힘겹게 억누르지 않아도 되었다. 스스로 정한 품위가 있었다면 시도 때도 없이 나를 형편없는 곳으로 돌려보내지 않았을 것이다. 그러다 막다른 곳에 몰려 있던 내 자존감이 드디어 등을 돌렸고, 영문도 모른 채 밀려났던 자신의 자리를 찾아가기로 한 것이다.

자존감이 자신의 자리를 찾아가자, 그 자리를 대신 지키고 있던 자존심이란 녀석을 만나게 되었다. 자존감은 그를 보고 소스라치게 놀랐는데, 겉모습만큼은 자신과 똑같아 보였기 때문이다. 하지만 미묘하게 불안정해 보이는 그를 보며 그것이 자신을 흉내 낸 가짜임을 알아차렸다.

자존심에겐 몇몇 무리가 있는데, 제일 덩치가 큰 것은 '비교'와 '두려움'이다. 이 둘은 수시로 자존심에게 다가가 속삭였다. 비교가 속삭이자 자존심은 자신의 몸을 복어처럼 부풀리며 온몸이 빨개지도록 힘을 주었다. 얼마 지나지 않아 '두려움'이 강한 눈빛을 보내자 순식간에 쪼그라들며 의자 아래로 숨어들고 자신의 몸을 깨물어 상처를 내고 있었다. 그렇게 비교와 두려움이 오가는 사이 자존심은 늘어질 대로 늘어진 몸으로 상처투성이가 되었다. 번쩍거리는 옷과 신발로 상처를 감추는 모습이 안쓰럽다.

자존감이 다가가자 '비교'와 '두려움'은 순식간에 도망쳐 자취를 감췄다. 자존심은 의미심장한 미소를 짓더니 먼 곳으로 여행을 떠났다. 아마도 애초에 자신의 자리가 아님을 알고 있었던 모양이다. 이제 자존감이 혼자 남아 거울을 본다. 그동안 쫓기고 숨어있느라 많이 야위고 지친 모습이다. 하지만 보이는 모습은 시간이 지나면 더 좋아질 터이다. 중요한 것은 지금 이 자리에 서 있는 나 자신이다. 그 험한 길에 등을 돌려 돌아오기까지 버텨준 나에게 고맙다. 그것으로 충분히 사랑스럽다.

나는 그동안 자존감에 대해 크게 오해했다. 자기를 존중하고 있는 그대로의 모습을 받아들이는 것을 자존감이라고 하는데, 그런 사람들이야말로 '자기합리화의 여왕'이라고 생각한 것이다.

자존감은 어떤 한 가지 이미지로 정의되지 않는다. 사전적 의미로 정의는 되어 있지만, 각자의 자아에서 전혀 다른 모습으로 나타날 수도 있다. 여기에 하나의 잣대를 들이대는 것 또한 비교와 두려움을 다시 불러들이는 부작용을 낳는다. 그래서 나의 자존감이 명확하지 않을 때 다른 이들이 나름대로 정한 자존감의 기준에 흔들리며 내 자존감을 자꾸만 평가하게 되는 것이다.

자존감은 자신의 모습을 있는 그대로 정확하게 알고 있다. 스스로에 대한 비난이나 연민 없이 그 자리에서 하고 싶은 것, 할 수 있는 것을 자연스럽게 알아차린다. 다른 이들이 정한 기준은 의미가 없다. 오직 자신의 신념에 따라 제약 없이 행동할 수 있다. 그래서 이를 잘 모르는 이들, 특히 높은 자존감을 가져보지 못한 이들이 앞서 이야기한 것처럼 자존감으로 하는 행동을 '자기합리화'로 평가 절하해 버리곤 한다.

처음부터 나를 사랑하는 데는 아무런 조건이 필요 없었다. 아기가 태어나서 스스로 조건을 거는 것을 보았는가? '걸음마를 하면', '혼자 밥을 먹으면' 자신을 사랑하겠노라 하는 아기는 단 한 번도 본 일이 없다. 태어난 자신의 존재 자체를 인식하고 사랑하는 것은 너무나도 자연스럽고 당연한 일이다. 가족부터 시작하여 다른 이들로부터, 미디어로부터 주입된 조건들이 인위적인 잣대를 만들고 나 자신조차 거부하게 한 것이다.

나는 하나부터 열까지 내 걸어둔 조건들의 조합이 아니다. 조건을 통과해야 나를 사랑하는 것은 그 조건 때문에, 혹은 그 조건을 사랑하는

것일 뿐이다. 처음부터 나에게 속한 것이 아닌 것, 내가 아닌 것을 사랑한다는 것은 말이 되지 않는다. 흔히 누군가를 사랑할 때 '그냥, 당신이니까'를 최고의 이유라고 하지 않던가. 나 또한 사랑하는 이에게 이런 이야기를 들었을 때의 기쁨을 생각한다면 나 자신에게도 다르지 않다.

아무 조건 없이 나를 사랑하자 내 안에서 진정한 성취감과 만족감이 차올랐다. 억지로 눌렀던 감정들이 자신의 원래 크기만큼 드러나기 시작한 것이다. 인정받고 싶은 욕구도 자연스럽게 채워졌다. 내가 나를 인정하는 순간 다른 이들로부터 받아야 했던 몫이 사라졌다. 내가 스스로를 채우고 나니 다른 이들을 바라보며 애타던 시간은 나를 들여다보고 나의 욕구를 인정하는 시간으로 바뀌었다.

예전에 하찮은 것들이라며 미뤄둔 것들이 다시 각각의 위치를 찾았다. 내 안에 하찮은 것은 아무것도 없었다. 아주 작아서 없어도 될 것 같은 나사 하나가 빠지면 거대한 구조물도 이내 흔들리기 시작한다. 처음엔 나사 한 개였지만 흔들리는 순간부터 다른 나사들도 빠르게 풀려버린다. 모든 것은 그 자리에서 가장 소중하다.

아무 조건 없이 나를 사랑하라. 그것이 자존감의 근본이고 자존감의 꼭대기다. 거기서부터 모든 것이 달라진다. 아무리 노력해도 달라지지 않는 나, 자꾸만 뒤로 밀리는 내 모습은 더 이상 없다. 아무 조건 없이, 비교도, 두려움도 없이 진짜 나를 사랑하라.

넷,

더
이
상
휘
둘
리
지
않
고
나
답
게
산
다

내가 운영하는 '감정코칭연구소'에서 가장 많이 보고 들을 수 있는 말이 바로 '나답게 산다'는 것이다. 언뜻 뻔한 말 같지만, 이 안에는 이제까지 경험하지 못한 많은 의미가 포함되어 있었다. 나 또한 결국 나답게 살기 위해 그 수많은 고민과 고통을 헤쳐나왔다고 해도 과언이 아니다.

나답게 산다는 것은 무엇인가? 그 의미를 이해하는 것 자체가 나에겐 큰 어려움이었다. 한 번도 진정한 자신으로 살아본 일이 없는 이에게 '나답다'라는 것은 또 다른 과제의 부담으로 다가오기 때문이다. 나다운 것은 진정한 나에 대한 앎을 전제로 한다. 예전의 나처럼 '나답다'라는 의미가 바로 와 닿지 않는다면 당신도 나와 같이 '나를 찾는 여행'이 제일 먼저 필요하다. 내가 누구인지를 알아야 나다운 것이 무엇인지 이야기할 수 있다. '나다운 게 뭔데?' 라고 묻는다면, 만사를 제쳐놓고 진짜 내 모습을 들여다보는 것이 시작이다.

여기에는 하나의 함정이 있다. 어떤 경우, 나다운 것이 무엇인지 알고 있지만 모른 척하기도 한다. 자신이 누구인지, 자기 자아가 어떤 모습을 하고 있는지 짐작하고 있다. 그럼에도 불구하고 모르는 척한다. 왜일까? 무엇보다 현재 자신의 모습이 마음에 들지 않기 때문이다. 지금 상황이, 자신의 모습이 마음에 들지 않지만, 그것을 인정하는 것이 자신의 부족함을 내보이는 것만 같아서이다. 차라리 지금 모습이 자신이 원래 원하는 모습이라고 해버리는 것이다.

다른 하나는 진정한 자신의 모습으로 사는 데 용기가 필요하기 때문이다. 자신의 모습대로 사는 것은 자연스러운 일이지만 처음 시작에는 얼마간의 용기가 필요하다. 주변의 기대나 다른 이들의 의견과 시선에서 자유로워지는 일이다. 그래서 진정한 내 모습으로 살고 싶지만 '언젠가'로 미뤄두고 눈치만 본다.

문제는 이런 시간이 계속될수록 본래의 자기 모습을 점점 잊어버리고 누구 때문에, 무엇 때문에, 왜 사는지 혼란스러워진다. 분명 처음에는 자신의 선택이었지만 진짜 나의 모습과 멀어지면서 근본 없이 만들어진 모습에 휘둘리고 끌려다닌다.

'끌려다닌다'는 말을 들을 때마다 나는 스티브 맥퀸 감독의 영화 〈노예 12년〉의 주인공이 떠오른다. 자유인에서 순식간에 쇠사슬에 묶인 노예가 되어 버렸다. 실화를 바탕으로 한데다가 어쩌나 생생하게 묘사해 놓았는지 내 온몸에 힘이 들어갈 지경이었다. 끌려다니는 것은 노예의 삶이다. 자유의지가 없는 것으로 취급당한다. 의지대로 움직일 수 없으니 아예 자유의지가 없는 것이라 치부한다.

내 인생의 주인은 누구인가? '나'라고 자신 있게 말할 수 있는가? 그렇다면 내가 원하는 것을 확실히 알고 원하는 때에 모든 것을 주저 없이 할 수 있는가? 만약 이 질문에 즉시 대답할 수 없다면, 혹 마음에 걸리는 누군가, 무언가가 떠오른다면 다시 생각해볼 일이다.

내 인생의 노예로 살고 있지는 않은가? 몸은 내 몸이지만 다른 이들의 시선과 의견에서 자유롭지 못하다면, 그 때문에 무엇 하나 내 마음대로 해본 적 없었다면 노예와 다름없는 삶이다. 보이지 않는 주인의 손아귀를 벗어나지 못하고 있는 것이다.

나에게 일대일 감정코칭을 받은 이들이 제일 많이 하는 이야기가 있다. '사는 게 참 편해졌다'는 것이다. 혹은 '쉬워졌다'고도 한다. 나답게 살면 편하다. 나답게 사는 것이 가장 쉽다. 그럼 이제까지 불편하고 어렵던 것들을 어떻게 바꿀 수 있었던 것일까? 여기에 바로 '나답게 사는 것'의 비밀이 있다.

첫째, 나 자신에 대한 확신이 생기기 때문이다.

내비게이션이 없었던 시절에는 처음 가는 길을 도대체 어떻게 찾아갔을까. 상상조차 되지 않는다. 처음 가는 곳이 어디에 있는지, 가는 데 얼마나 걸릴지, 내가 가는 방향이 맞는지를 모르면 당연히 불안할 수밖에 없다. '계속 가면 되겠지' 하면서도 막상 '어디로 얼마나 가면 되는지'에 대한 확신이 없는 것이다.

이처럼 나다움을 아는 것, 내가 어떤 모습으로 태어났는지를 이해하면 내 자아에 최신 내비게이션을 다는 것과도 같다. 내 마음의 길이 어디를 향하고 있는지, 그렇다면 얼마나 더 가야 할지 확신이 든다. 확신 있는 길에는 막힘이 없다. 가는 길이 다소 지루해도 포기할 일이 없다. 끝이 보이는 길은 힘들어도 이겨낼 힘이 생긴다.

둘째, 관계에서 유연하고 여유롭게 대처할 수 있기 때문이다.

나에게는 가위바위보만큼 두근거리는 게임이 없었다. 이제 나름의 비법으로 승률을 높였지만, 예전에는 여지없이 꼴찌를 도맡아 하곤 했다. 내가 낼 수 있는 경우의 수도 3개, 상대방 경우의 수도 3개지만 당장 무엇을 낼지 알 수가 없다. 조마조마한 순간이다.

내가 세모처럼 생겼음을 알면 상대방의 동그라미가 당황스럽지 않다. 세모가 동그라미인 척하느라 억지로 각진 부분을 깎아낼 필요도 없고, 동그라미가 세모에 맞추느라 통통한 부분을 납작하게 만들 필요도 없다. 어느 한쪽이 다른 한쪽에 맞춰 주었다며 억울한 소리를 하거나 상대방이 내 뜻대로 되지 않는다고 실망할 필요도 없어진다.

셋째, 더 큰 목표에 눈을 돌릴 수 있기 때문이다.

진정한 내 모습을 모를 때는 모든 관심이 그쪽으로만 쏠린다. '나는 왜 이럴까', '저 사람은 왜 저럴까' 풀리지 않는 의문 속에 답 없는 고민만 계속되고, '행복하고 싶다'는 열망에 사로잡힌다. 그것이 전부이고 끝이라고 여긴다.

하지만 진정한 내 모습을 찾고 나면, 나다움을 회복하기 시작하면 그야말로 이것은 시작에 불과하다는 것을 깨닫게 된다. 이제까지 끝이라 여긴 것이 사실은 시작이었고, 방금 문을 열고 나섰다. 비로소 눈앞에 끝없이 펼쳐진 넓은 세상이 눈에 들어온다.

내가 내 안에 갇혀 노예로 살아왔다면 드디어 '노예' 신분을 벗어나 자유를 찾은 것이다. 이제 관심사는 더 이상 '자유'가 아니다. 이미 얻은 것을 다시 얻겠다고 돌아갈 이유가 없다. 이제는 그러한 자유로 무엇을 어떻게 할 것인가이다. 새로운 눈을 뜬 것이다.

나답게 살아가면 더 이상 다른 이들의 시선을 신경 쓰는 것이 아무런 의미도 영향력도 없다는 것을 알게 된다. 그동안 마음 졸이며 눈치 보던 것들이 사실 문을 열어보기도 전 어둠 속에서 혼자만의 두려움에 지나지 않았다는 것을 알게 된다.

나다움은 내 자아의 자유이다. 다른 사람에게 휘둘리지 않는 것뿐만 아니라, 내가 나에게 노예 되지 않는 것까지도 포함한다. 자유를 찾은 자아는 스스로 길을 찾아 나선다. 확신으로 나선 길에는 자신만의 속도와 시간이 있다. 각자의 길이 다르기에 천편일률적인 기준이나 평가를 위한 점수판 같은 것은 없다. 그저 앞으로 한 걸음씩 나아가는 것뿐이다. 자신감 으로 내 딛는 발걸음엔 힘이 있고 무게가 실린다. 허투루 뛰어 넘거나 뒷걸음치지 않는다. 다른 누구도 아닌 나만의 걸음으로 더 이상 휘둘리지 않고 나답게 나아간다.

달라서 더 특별하다

"앞에 가면 도둑, 뒤에 가면 경찰"

 어릴 적 친구들과 나란히 길을 걸으며 했던 놀이다. 우리 동네에만 있었나 싶어 찾아보니 '전래동요'로 검색된다. 나는 '경찰'이라 했지만 '포졸, 순경, 경찰, 양반' 등 시대에 따라 다르게 활용되었나 보다. '도둑'과 '경찰'에는 무엇이든 넣을 수 있었다. 어쨌든 나 혼자만 앞서지 않으려고 친구의 손을 붙들고 힘주어 엉덩이를 뒤로 빼던 기억이 난다. 왜 그랬을까? 당시에는 영문도 모르고 왠지 앞서면 안 될 것 같은 느낌이었다. 친구가 나보고 '너 앞서 가네?' 그러면 '아니야!'라며 얼른 뒤로 한 발짝 물러서곤 했다.

어린 시절에는 유독 친구들과 같아 보이고 싶다. 친구가 한 꽃장식이 달린 반지가 너무 끼고 싶어서 100점 맞은 기념으로 500원을 받아서 문구점에서 그와 똑같은 반지를 샀다. 당시 반에서 최고로 유행하던 스티커 몇 장도 함께였다. 중학교 때는 모두 다 똑같이 동그랗게 말린 앞머리를 했고, 수학여행 때는 모두 칠부 바지에 티셔츠 앞쪽만 바지에 넣은 차림이었다. 고등학교 1학년 봄 소풍에는 청바지에 브이넥 흰 티셔츠를 맞춰 입었고, 졸업 사진에는 뭔가 달라 보이겠다고 한 것이 그마저도 똑같은 트레이닝 복 차림이었다.

고등학교 2학년 때 처음으로 주민등록증이 나왔다. 엄마와 함께 동사무소로 찾으러 갔다. 분명히 지금쯤이면 나온다고 했는데 오른쪽 작은 박스에서 주인을 기다리는 수십 장의 주민등록증 중 내 것은 없었다.

담당 공무원은 '혹시……' 하더니 왼쪽 박스를 열었다. 그 가운데 익숙한 내 얼굴이 보인다. 그리고 하얀 박스 뚜껑을 닫자 거기엔 '남'이라고 쓰여 있었다. 아까의 오른쪽 박스는 물론 '여'이다. 숏커트에 뿔테 안경을 쓴 나는 남학생들 사이에 늠름하게 끼어 있었던 것이다. 지금은 웃으면서 다른 이에게 없는 독특한 에피소드를 자랑스럽게 이야기하지만, 그때만 해도 표정 관리가 안 됐다. 깔깔 웃으시는 엄마 곁에서 잠깐이었지만 숏커트에 뿔테 안경을 쓴 늠름한 소녀는 말 그대로 빈정이 상했다.

스무 살이 되어도 달라진 건 별로 없었다. 강의 시간에 눈에 띄지 않으려고 구석 자리에서 어두운 옷을 입고 고개를 반쯤 숙이고 있다든가, 항상 제일 뒷자리부터 앉기 시작해서 지각하면 교수님 코앞에 앉게 되는 식이었다. 좀처럼 보기 힘든 '최헌'이라는 이름 때문에 고민한 것도 하루 이틀이 아니다. 뒤늦게 고백하건대, 별로 마음에 들지 않는 사람이 연락처를 물어 본다든가 한번 보고 다시 안 볼 것 같은 사람에게는 '최미영'이라 하기도 했다. 제발 한번 듣고 잊어버리라고 말이다.

회사에서도 그 버릇은 어디 가지 않는다. '가만히 있으면 중간은 간다'는 말을 지겹도록 듣고 자란 이들에게 눈에 띄는 것은 중간도 못하는 최악의 일이다. 집에서도 가족 간에 친지들 간에 그저 '둥글둥글'하게 지내야 한다며 하고 싶은 말도 삼키고, 보기 싫은 것도 넘기며 지내온 순간들도 적지 않다. 30년 가까운 시간을 '앞에 가는 도둑'이 될까 봐 계속해서 걸음을 늦추고 엉덩이를 뒤로 빼고 한걸음 물러서기를 반복해온 것이다.

그렇게 30년쯤 보내고 나자 어느 순간 나 혼자 앞으로 나가보고 싶어졌다. 이제까지 앞에 가 본 일이 없기에 '도둑'이 되면 과연 어떨까 하는 궁금증이 생겼다. '정말 그렇게 혼자 앞으로 나가면 큰일이라도 일어나는가?', '내 등 뒤에서 다른 이들이 나를 도둑이라 수군거릴까?', '앞으로 다시는 그들과 어울릴 수 없게 되는 건가?'와 같은 질문을 던지기 시작했다.

남들이 별 관심 없으리라 생각한 사이 슬쩍 한발을 내밀어 보았다. 기분이 나쁘지 않았다. 다른 한발도 슬쩍 빼보았다. 예상과 달리 꽤 괜찮다. 그래서 5년 동안 잘 다니던 직장을 그만두고 대학원에 진학해서 모은 돈을 탈탈 털어 2년간 공부를 해보았다. 꽤 기분이 좋았다. 그사이 승진하거나 결혼하는 친구들과 자연스럽게 약간의 거리가 생겼다.

새로운 일에 도전하고 마흔이 되기 좀 전에 결혼했다. 친구들의 아이는 학교에 들어가고 내 아기는 신생아실에 들어갔다. 나는 도둑이 되어 가고 있었다. 이왕 도둑이 된 김에 깊은 밤에, 이른 새벽에 책을 쓰자 완전한 도둑 취급을 받았다. 이제 아예 도둑으로 판명 난 김에 다른 도둑들도 나처럼 광명을 찾았으면 하는 마음으로 '감정코칭연구소'를 설립하고 밤낮으로 '도둑질' 중이다.

어린 시절처럼 누군가 나를 '앞에 가는 도둑놈'이라고 다시 소리 내어 불러주었으면 좋겠다. 그럼 더 크게 한발 앞서서 '그래, 난 도둑놈이다!'라고 크게 외쳐 대답해 주리라. 내가 자랑스러운 도둑놈이 된 것은 내가 나의 진짜 모습을 되찾고 자존감이 회복되면서부터이다. 자존감이 높은 사람은 남들과 같아지는 것을 거부한다. 분명 모두가 다른 사람인데 같아지거나 같아 보여야 할 이유를 느끼지 못하기 때문이다. 내가 다른 이들과 다르다고 해서 불편하거나 어색하지 않다. 마찬가지로 나와 다른 누군가를 함부로 판단하거나 억지로 폄하하지도 않는다. 의지로 그렇게 하는 것이 아니다. 자연스럽게 그렇게 된다.

자존감은 감춘다고 감추어지지 않는다. 만약 인위적으로 만들어내고 감춰진다면 진정한 의미의 자존감이 아닐 가능성이 더 크다. 내 모습은 있는 그대로 드러나기 마련이다. 감쪽같이 속이려 해도 완벽하지는 못하다. 어딘가 맞지 않는 구석이 남는다. 그렇게 모순이 반복되

면서 맞지 않는 그 틈은 점점 더 벌어지고, 원래 내가 의도했던 곳과 전혀 다른 곳에 서 있는 자신을 발견하게 된다.

자존감은 지금 서 있는 그대로의 자리다. 내가 가는 곳에 따라 움직이는 것이지, 나와 무엇 간의 틈이 생기지 않는다. 잘 맞아서 돌아가는 톱니바퀴처럼 꾸준함과 정교함으로 스스로를 나아가게 한다. 내가 나 자체로 존재하는 한 속도와 관계없이 정한 방향으로 계속해서 나가게 될 것이다.

속도는 중요하지 않다. 정해진 속도는 없다. 쫓아 오는 누군가가 빵빵거리며 길을 비키라고 재촉하지도 않는다. 이 도로 위의 운전자는 오직 나뿐이다. 내가 정한 규칙으로 나만을 위한 길에서 내가 원하는 속도로 나아가면 된다. 단지 내 도로가 아닌 남의 도로를 침범하거나 스스로를 전복시키지만 않으면 된다.

나의 길은 오직 나만의 것이다. 잠시 쉬어갈 수도 있고, 주변의 풍광을 즐기면서 천천히 가 볼 수도 있다. 때로는 차에서 내려 걸어가도 되고, 있는 힘껏 속도를 즐겨보아도 된다. 누구도 무엇도 나를 방해하지 않는다. 아니, 엄밀히 말하면 누구에게도 무엇으로부터도 방해받지 않는다. 내가 만들어 가는 대로 이어지는 길이다. 세상에 하나밖에 없는 그래서 더욱 특별한 길이다. 남들과 달라서 고민하고 숨어들던 나는 더 이상 없다. 남들과 달라서 더 특별하다. 이제, 앞서 가는 도둑으로 당당히 나아가자.

진심이 가장 멀리 간다

한 해를 마무리하며 지난 일 년간 감사한 얼굴들을 떠올려 본다. 올해 새로이 인연을 맺은 이들도 많지만 오래도록 변함없이 떠오르는 같은 이름들이 있다. 손가락으로 꼽아보니 10년, 20년이 넘은 이들도 많다. 벌써 시간이 이렇게 흘렀나 싶기도 하지만 오랜 시간 마음을 함께 했다는 사실에 새삼 놀란다.

처음 만나게 된 계기는 다양했다. 어딘가에서 누군가의 소개로 만나기도 했다. 소개해 준 이와는 그사이 멀어진 경우도 있었다. 나를 먼저 찾아온 이도 있었고, 내가 먼저 다가간 이들도 있었다. 한눈에 봐서는 딱히 언제 어디서 만난 이들이라고 공통점을 찾기 어렵다.

하지만 그들의 얼굴을 차례로 떠올리며 든 생각은 묘하게도 이들에게 비슷한 분위기가 느껴진다는 점이다. 일례로 이들은 차분한 어조를 가지고 있다. 움츠러들지도 않으면서 적당히 기분 좋은 차분함이다. 쓸데없이 들뜨지 않지만 기쁨을 감추지 않는 순수한 면이 있다.

하나 더 찾아보자면 긍정적인 어투이다. 다른 이들의 성공이나 실패를 있는 그대로 받아줄 줄 안다. 오히려 힘든 이에게 위로의 말을 건네는 것은 어렵지 않다. 그간 나의 사회 경험으로 볼 때 가까운 이의 성공을 진심으로 기뻐해 줄 수 있는 것이 진짜 긍정이다. 중간 과정 없이 갑자기 성공한 것 같은 이들을 볼 때도 비꼬거나 뒤에 무언가가 있으리라 의심하지 않는다.

마지막으로 나에게 가장 놀라운 것은 자신의 실패나 어려움도 가감 없이 드러낼 줄 안다는 것이다. 그것이 자신에게 약점이 되지 않을까 두려워하는 기색이 전혀 없었다. 오히려 '저런 이야기까지 해도 되나?' 싶을 정도로 담담하게 모든 것을 내어놓는다. 그리고도 주눅 들거나 도망치려는 대신 도움을 구하기도 하고, 헤쳐나갈 방법을 열심히 찾아낸다.

높은 자존감의 모델을 멀리서 찾아보려고 했을 때 나를 일깨워준 것도 이들이었다. 내가 속한 가까운 관계에서 이미 몸소 보여주고 있던 것이다. 너무 익숙해서 알아차리지 못한 그들이 이미 내가 찾던 자존감의 모델이다. 잠시나마 착각에 빠진 내가 완벽한 누군가를 찾고 있을 때 완전한 내 친구들이, 이웃들이 내 눈을 들어 다시 보게 해 주었다. 자존감은 '완벽한 것이 아니라 완전한 것'이라고 말이다.

나의 자존감이 낮을 때 높은 자존감은 곧 '완벽함'과 같은 의미였다. 당시 나의 시야로 볼 수 있던 유일한 기준이다. 완벽하지 않은 자신을 책망하며 자아를 망가뜨리고 있을 때 완벽함에 이르는 것만이 내가 해방될 수 있는 유일한 출구라 믿었다. 애초에 답이 될 수 없는 것을 붙들고 있었으니 얼마나 힘들었을지는 말하지 않아도 짐작할 수 있다.

자존감을 '완전함'이라 하는 이유도 이 때문이다. 우리의 원래 자아는 완전하다. 이는 실수도 오차도 없음을 의미하는 것이 아니다. 인간적으로 실수할 수도 있고 다양한 상황에서 긍정적이거나 부정적인 감정 모두를 끊임없이 경험한다. 하지만 그 가운데 언제라도 원래의 완전함으로 돌아올 중심, 기준을 가진다는 의미다. 무엇을 해서 사랑받지 않고, 인정받기 위해 하지 않고 나 자신의 원래 모습, 내 존재 자체로 승부를 내는 삶이다.

내 존재 그대로 사는 것이 가만히 있어도 최상의 인기나 주목받는 것을 의미하지는 않는다. 오히려 인기를 얻거나 주목받지 않아도 내 고유의 모습, 나다움을 유지할 수 있는 것이 진정한 자존감이다. 이러한 진짜는 당장 주목받지 못해도 끝까지 멀리 간다. 가짜로 당장 주목받고 두드러지고 선망의 대상은 되지만 언제까지나 꾸며낸 모습으로 살아갈 수는 없다. 자꾸만 드러나는 원래의 모습을 견디지 못하고 점차 피로감이 쌓여 오래가지 못한다.

진심이 가장 멀리 간다. 내 곁을 오래도록 지켜준 이들도 결국 진심이었기에 이제까지 온 것이다. 진심은 처음엔 더디게 가는 것처럼 보인다. 그 사이를 비집고 들어오는 화려한 가짜에 한 눈이 팔리기도 한

다. 순간적으로 그쪽을 따라가기도 하지만 정신을 차리고 내려다보면 모래 위에 그려진 가짜 길이다. 제대로 된 길이라 믿었지만 작은 파도에도 쓸려 사라지고 마는 허무한 길이다.

뒤돌아보면 저만치 뒤에 하나씩 놓인 묵직한 돌길이 보인다. 아직 갈 길이 멀어 보이지만 견고하게 놓인 돌들이 진짜 길을 내고 있었다. 한번 가보고 사라지는 길이 아니라 오래도록 남아 언제든지 오가는 길이다. 길을 내고 있다고 야단법석 하지도 않고 돌이 무겁다고 다른 이를 탓하지도 않는다. 하나씩 하나씩 차근차근 이어지는 그 길은 진짜다. 진심이다. 이제까지 모래 위 가짜 길에서 헤매는 동안 누군가는 이런 길을 만들고 있던 것이다.

그 돌들의 묵직함이, 진심이 그대로 전해진다. 나는 더 이상 길을 찾아 헤맬 필요가 없다. 진심이 이어주는 그 길에 나도 함께하기로 한 것이다. 혼자서 묵묵히 만들어가던 그 길에 나도 힘을 보탠다. 이처럼 한 명 한 명 진심의 길로 돌아선다. 진심은 아무 말도 하지 않았다. 단지 있는 그대로의 모습으로 차근차근 자신의 존재를 보였을 뿐이다.

한 명 한 명 진심의 길에 들어설 때마다 길은 점점 더 길어진다. 처음의 돌 한 개가 한 번에 열 개, 백 개로 늘어났다. 그렇게 진심의 길은 갈수록 빠르게 늘어났다. 처음에는 한참이나 뒤처져 있는 것 같았지만 결국 가장 멀리 간 것은 진심이었다. 그 길에 함께하는 이들이 늘수록 기하급수적으로 더 멀리까지 이어졌다.

나중에 이 길을 본 이들은 의심하기도 한다. 중간에 꼼수가 있었을 것이라고 뒷전에서 수군거리기도 하고, 노골적으로 시기와 질투를 표하기도 한다. 이번에도 진심은 별다른 대꾸를 하지 않는다. 아니라고, 이제까지 내가 얼마나 고생했는지 모르면 이야기하지 말라고 항변하지도 않았다. 그저 함께하는 이들과 계속해서 길을 이어갈 뿐이다.

오랜 시간이 지나 진심이 만든 그 길은 뒤따르는 많은 이들을 이전과는 비교할 수도 없이 편안하게 해 주었다. 가짜 길에 현혹되어 시간을 낭비하는 일도 없고, 탄탄하게 만들어진 길에서 주변 풍경을 즐기면서 다닐 정도가 된 것이다. 그리고는 이 길을 만든 누군가에게 감사를 표한다. 그 길은 이제 감사와 기쁨, 편안함과 자유의 길이 되었다.

지금 나의 진짜 모습이 기대한 만큼 화려하거나 대단치 않아서 조금 풀이 죽어도 괜찮다. 진심이 가장 멀리 간다. 중요한 것은 오늘 이 길을 버리지 않는 것이다. 당장 화려해 보이는 남의 길을 탐하거나 비교하며 한숨 쉴 필요 없다. 진심이 가장 오래간다. 모래 위에 만들어진, 언제라도 사라질 아슬아슬한 길 위에는 휴식이 없다. 끝없는 방황과 두려움뿐이다. 진심으로 하나하나 탄탄히 만들어가는 길은 언제라도 평안한 안식처가 된다. 나만의 것이라는 확신을 가지고 당당하게 나아갈 수 있다.

진심이 가장 강하다. 나의 작고 약한 자아가 힘을 얻는 길은 진심으로 자신에게 확신을 심어주는 길뿐이다. 당장의 결과에 연연하지 않는 나만의 길은 훗날 자신은 물론, 함께 하는 이들과 함께 가장 멀리 가는 길이 된다. 나아가 뒤따르는 이들의 존경과 사랑을 받는 행복의 길이 된다.

나는 지금 여기서 가장 행복하다

대학교 때 이사 간 집에는 결혼하기 전 내가 쓰던 방이 있다. 지금도 가끔 그곳에서 꿈을 키우며 보낸 수많은 시간이 떠오른다. 스무 살이 넘어 처음 도전했던 일들은 다 그 작은 방에서 처음 싹을 틔웠다. 낡은 PC 앞에 앉아 잡지사에 보낼 기사를 밤새 타닥타닥 써 내려갔는가 하면, 광고공모전에 혼자 도전해보겠다며 없는 그림 솜씨로 TV-CF 컷을 그려 상을 받기도 했다. 방황하며 휴학했을 때도, 직장을 그만두었을 때도 모두 그 방에서 생각하고 계획하고 실행해나갔다. 때로는 좌절, 두려움, 불안으로 가득한 방이기도 했다. 언제든 벗어나고 싶은 곳이었다.

방 한쪽 벽면을 모두 채운 책들과 비디오테이프들은 각기 다른 이야기를 떠오르게 하는 소중한 추억들이다. 처음에 도서관에서 빌려 읽던

책들을 하나하나 다시 구입하여 소장하게 되었을 때, 절판된 책들을 헌책방에서 어렵게 구했을 때가 떠오른다. 일본 여행에서까지 고서점 거리를 다니며 내가 좋아하는 작가의 일본어판 원작을 모으기도 했다.

비디오테이프는 또 어떤가. 좋아하는 배우의 전작을 모으고 인상 깊은 시리즈 전체를 구입하고 몇 년에 걸쳐 한 칸 한 칸 채워가던 기억이 난다. 그중에는 엄마가 좋아하시는 작품들도 있어, 어느 늦은 밤 둘이 비디오를 틀고 앉아 별말없이 보낸 따뜻한 시간도 뭉글뭉글 되살아나곤 한다.

결혼 후, 엄마는 집 정리를 해야겠다며 내 방에 있는 안 쓰는 물건들을 버려도 되겠냐고 하셨다. 옷이 당연히 1순위여서 예전에 이미 다 비운 상태였고, 가장 많은 자리를 차지하는 것이 책과 비디오테이프였다. 갈수록 버리고 정리하는 것에 익숙한 나였기에 아무런 거리낌 없이 다 버려도 된다고 말씀드렸다. 몇 번이고 반복하여 물어보셨지만, 거침없이 버리라고 대답해드렸다.

그런데 바로 어젯밤, 혼자 운전을 하며 집으로 돌아오는데 얼마 전 개봉한 영화가 기억났다. 오래전부터 좋아하던 배우가 출연하는 영화였다. 문득 그의 전작들을 대부분 보았다는 사실이 떠올랐다. 그리고 그것들이 모두 내 비디오테이프로 꽂혀 있었던 때가 기억난 것이다.

조금 전까지 고요하던 마음에 작은 물결이 일었다. 나도 모르게 그때의 나로 돌아가 내 방을 더듬고 있었다. 버리기 전에 사진이라도 찍어 두어야겠다. 언젠가 이렇게 생각이 나면 꺼내 볼 수 있도록 말이다. 엄마에게 전화를 드렸다.

"엄마, 제 방에 있는 비디오테이프 버리셨나요? 아직 있으면 조금만 기다려 달라고요."

"다 버렸는데."

"그럼 책은요?"

"책도 다 버렸지."

짧은 대화 속에 잠시나마 뭉실거렸던 추억의 방울이 톡톡 터져나갔다. 내가 그렇게 확신에 차서 버리라고 해 놓고는 지금은 아쉬워서 입맛을 쩝쩝 다시는 셈이다. 다행히 순간적으로 '그게 뭐?'라는 생각이 들자, 금세 원래의 나로 돌아왔다. 감정에 잠겨 추억을 어루만지고 있던 손이 다시 지금 이 순간을 잡는다.

10년 전쯤부터 누군가 '당신은 언제가 가장 행복한가요?'라고 물으면 주저 없이 '지금이 가장 행복하다'고 말한다. 대부분 '정말?' 하고 되묻는다. 아주 일부만이 '그렇죠. 저도 지금이 가장 좋아요'라고 한다. 누군가 '과거로 돌아갈 수 있다면 언제로 가고 싶으냐'고 묻기도 한다. 나는 역시 '지금이 제일 좋아요. 돌아가고 싶지 않아요'라고 대답한다.

10년 전, 20년 전 젊음이 그립다는 이들이 많다. 더 예쁘고 활기가 넘치던 때가 있었다고 말이다. 조금만 젊었으면 지금과 다른 삶을 살아보겠노라 한다. 그럴 수도 있다는 생각은 들지만 나는 지금 거울 속 내 모습이 정말 좋다. 예전보다 메이크업을 덜 하지만 더 자연스럽고 생기 있어 보인다. 나이야 속일 수 없겠지만 먹은 만큼 보이는 것은 전혀 부끄러운 일이 아니지 않은가. 게다가 가끔 몇 살 더 어리게 봐주면 소소하게 웃을 거리도 되고 말이다.

하고 싶은 일? 지금 이미 하고 있는데 뭐하러 다시 시작하는가? 더 일찍 시작했다면 좋았을 수도 있다. 하지만 지금이 아니면 안 되는 일들이 있기 마련이다. 특히 인생에서의 사건이란 반드시 때가 있음을 믿는다. 10년 전의 나는 이런 글을 쓸 수 없었다. 그때 아무리 나에게 책을 내주겠다고 쫓아다녔어도 한 줄도 쓰지 못하고 포기했을 것이다. 지금은 글을 쓰고 책을 내는 작가의 삶이 너무나도 자연스럽다. 지난 10년간 마음속으로 그리던 일이 드디어 이루어지고 있는데 뭣 하러 그때로 돌아가겠는가.

당장 눈앞에 닥친 현실의 어려움 때문에 이런 일들을 만나기 전으로 돌아가고 싶을 수도 있다. 하지만 그때로 돌아간다 해도 지금의 문제를 언젠가는 만나게 될 것이다. 지금 그러한 어려움을 해결하지 못한 채 피해버린다면 똑같은 상황은 다시 반복된다. 만약에 정말 과거로 돌아갔다 해도 지금의 문제가 사라진다는 보장은 없다. 때가 달라질 수는 있지만 언젠가는 만나게 된다. 그것이 인생이다. 피할수록 다가오고 다가갈수록 도망간다. 극복하지 못한 두려움은 언제까지나 그대로 남는다. 부인하고 싶어도 어쩔 수 없는 인생의 진리다.

차라리 현실을 하루라도 빨리 마주한다면 이제부터는 다른 인생을 살 수 있다. 그렇게 마주하고 극복한 어려움은 나를 지금의 자리에서 만족하게 한다. 성취감을 맛보게 된 것이다. 내 인생에서 지금 내가 무언가를 해냈다는 느낌이다. 이러한 일들이 반복되면 점차 언젠가로 돌아가고 싶은 순간은 점점 희미해진다.

내가 있는 곳은 지금 이 자리다. 내가 숨 쉬고 살아가는 순간은 바로 지금이다. 이제까지의 선택은 그것으로 이미 충분하다. 나의 인생은 지금 이 자리에 있는 나의 선택에 달려 있다. 이제까지와 달라지고 싶다면 지금 다른 선택을 하면 된다. 다른 선택을 한다는 것은 생각의 방향을 바꾸는 일이다. 생각은 모든 일의 씨앗이다. 흔히 '말이 씨가 된다'라고 하는 것도 평소의 생각이 말로 나오기 때문에 그것이 씨앗으로 심어져 그에 해당하는 것을 거두게 되기 때문이다.

내 삶에 어떤 것을 심고 싶은가? 아무거나 되는대로 심어서 닥치는 대로 대충 거두기를 원하는가? 손바닥만 한 텃밭에 씨앗을 심을 때에도 거둘 때의 풍성한 모습을 상상한다. 건강하고 튼튼한 뿌리 위에 줄기가 든든하게 자라 묵직한 열매가 주렁주렁 열리는 모습이다. 그 누구도 병충해에 말라 죽거나 시드는 것을 상상하며 심지 않는다.

우리의 삶에도 마찬가지다. 내가 원하지 않는 생각은 어딘가에서 날아온 잡초의 씨앗과 같다. 처음엔 눈에 띄지 않는 것 같지만, 비가 한 번만 내려도 고개를 들고 솟아난다. 보이는 대로 뽑아보지만, 끝도 없이 자라난다. 자라는 속도도 무섭도록 빨라서 원래 심기로 한 것들이 채 자라나기도 전에 무성해져 땅의 양분을 빼앗고 그늘을 만든다.

내가 심어야 할 것은 건강하게 자라나 햇빛을 받으며 열매를 맺는 생각이다. 그 생각을 선택하는 것이 내가 지금 이 자리에서 해야 할 일이다. 선택을 바꾸는 순간, 새로운 생각을 심는 이 순간, 나는 이 자리에서 가장 행복하다.

진짜가
가장 오래 간다

　다른 사람과 비교하지 않는다면, 인정받지 않아도 된다면, 남들의 시선에서 자유로워진다면 나는 어떤 모습으로 살아가고 있을까. 아무리 노력해도 성장하지 않는 가짜 자아에서 벗어나야 알 수 있다. 온전한 진짜 자아는 일단 인정하고 마주하는 순간부터 빠르고 강하게 성장한다. 진짜만이 가질 수 있는 힘이다.

　처음부터 내 안에 이미 다 있었다. 내가 이런 나를 인정하는 순간, 다른 이들로부터 그토록 원하던 인정에 목말라 하는 나는 이미 없었다. 내가 스스로를 채우면 다른 이들을 바라보며 애태우던 시간은 나를 들여다보고 나의 욕구를 인정하는 시간이 된다.

　나의 욕구를 인정하기 시작하면 더는 다른 이들의 시선을 신경 쓰는 것이 아무런 의미도 영향력도 없다는 것을 알게 된다. 내 안의 나, 나의 자아는 이제 자유롭다. 다른 사람에게 휘둘리지 않는 것뿐만 아니라, 스스로 노예가 되지도 않는다. 자유를 찾은 자아는 스스로 길을 찾아 나선다. 그 길은 내가 만들어 가는 대로 이어지는 길이다. 세상에 하나밖에 없어서 더욱 특별한 길이다.

오늘 내가 심어야 할 것은 건강하게 자라나 햇빛을 받으며 열매를 맺는 아주 작은 하나의 씨앗, 진심을 담은 생각뿐이다. 그 생각을 선택하는 것이 내가 지금 이 자리에서 해야 할 일이다. 그것만으로도 충분하다. 진심이 가장 멀리 간다. 눈앞의 결과에 연연하지 않는 나만의 길은 훗날 자신은 물론이고, 함께하는 이들과 함께 가장 멀리 가는 길이 된다. 나아가 뒤따르는 이들의 존경과 사랑을 받는 행복의 길이 된다.

안녕하세요,
자존감

초판 1쇄 발행 2018년 06월 05일

글쓴이　　최헌

펴낸이　　김왕기
주　간　　맹한승
편집부　　원선화, 김한솔, 조민수
디자인　　이민형

펴낸곳　　**(주)푸른영토**
　　　　　주소　　　경기도 고양시 일산동구 장항동 865 코오롱레이크폴리스1차 A동 908호
　　　　　전화　　　(대표)031-925-2327, 070-7477-0386~9 팩스 | 031-925-2328
　　　　　등록번호　제2005-24호(2005년 4월 15일)
　　　　　홈페이지　www.blueterritory.com
　　　　　전자우편　blueterritorybook@gmail.com

ISBN　979-11-88292-56-1　　03320

ⓒ최헌, 2018